はじめての株式投資

優良企業の
シンプルな
選び方

若葉マークの株式投資
代表 福沢隆雄

一般社団法人 金融財政事情研究会

はじめに

　預金金利の利息はわずかで、頼みの年金も減額や支給開始年齢の引上げが課題となっている今日、資産運用は大切な課題です。投資対象をみると、株式、国債、外国株式、外国債券等、さまざまなものがあります。投資の世界では、どれか一つだけで利益を得ることはありません。債券が儲かるときもあれば、株式がよいときもあります。投資の世界を長期的にみた場合、債券よりも株式投資のほうが、利益が大きくなっています。株式投資は資産形成の一つの方法です。

　株式投資に関して多くの書物が出版されています。一つは、株式用語や仕組みの説明、株式投資や証券市場の基礎知識、株式注文の方法を得るためのものです。もう一つは、具体的な投資銘柄の選び方となりますが、その内容は、決算書やチャートを読んだり、一定の投資知識があることを前提とした銘柄選びの本であったりします。このため、株式投資の知識のない初心者が投資銘柄を選ぶための本が見当たりません。

　そこで、株式投資の知識のない方に向けた本をつくりました。これから株式投資を始めようとする方、株式投資をすでに始めているが基本をもう一度学びたい方、堅実な投資を行う方に利用していただきたいと願っています。シンプルで堅実な株式投資法で、銘柄選定から買値の検討ができ、実際に買付注文を出せるように作成しました。本書では、①優良企業（安定成長企業）への投資、②株は安いところ「安値圏」で買う、③企業の成長とともに株価の上昇による利益を得る中長期（基本は3～5年保有）投資の三つのポイントを軸に、株式投資の方法を説明します。

① 　投資対象銘柄は「優良企業（安定成長企業）」

　優良企業のなかから「安定して成長の見込める企業」を選び投資しましょう。これらの企業は、値動きの変化の派手さがなく面白味に欠けますが、リスクが少なく初心者にお勧めの投資対象です。自分の生活に身近な企業から探しましょう。

②　株は、「安値圏」で買う

　株は安いところ（「安値圏」）で買いましょう。「安値圏」とは、合理的な根拠に基づく買値の目安です。

　株式買付のための「安値圏」の算出方法を簡単に図解で説明します。

③　中長期（基本：3～5年保有）投資

　株価は、たとえば1、2カ月といった短期には複雑に変動しますが、長い目でみれば企業業績と連動します。日々の株価変動に一喜一憂することなく投資した企業の株式を保有しましょう。安定成長企業の株式を3～5年保有するつもりで中長期投資としましょう。月1回投資の記録を残しましょう。

　以上のポイントをふまえて株式投資の基礎を学び、少額投資で経験を積んだら、得意銘柄をつくりましょう。会社の内容を理解し、どんな業務展開をしているか、企業の業績や利益構造もわかる銘柄です。また、どんな時に株価が上がるか、どんな時に下がるかがわかり、株価の高値や安値圏もみえてきたらしめたものです。得意銘柄ができたら、あなたに投資の基礎力がついてきたことになり、心強い味方を得たことになります。得意銘柄を、まずは1銘柄つくりましょう。次いで2、3銘柄と増やし、最大5銘柄までとしましょう。付録に投資ノートを用意してあります。銘柄選定と買値判断を書いて投資の記録を残せば、さらに堅実性が増します。

　2014年からNISA（ニーサ：少額投資非課税制度）が始まりました。本書の、少額で中長期（基本は3～5年保有）の投資は、NISAにぴったりの投資法です。

　本書は、NHK文化センター静岡教室で2007～2009年に開催した株式投資講座「はじめての株式投資」「実践株式投資」等で実際に使ったテキストが原点です。20～70代まで、幅広い年齢層の方が参加された講座では、初心者の視点に立って理解していただけるかを試行錯誤しました。その後、リーマンショックを契機として再構築を行い、景気の悪い時にも耐えられる教科書的な内容としました。

一人でも多くの方に、株式と株式投資の理解をしていただければ幸いです。そのうえで堅実な投資をして、皆さんが豊かになっていただきたいと願っています。

【著者略歴】

福沢　隆雄（ふくざわ　たかお）

若葉マークの株式投資　代表
元大蔵省勤務。証券局にて企業の海外資金調達関係の業務、東海財務局証券課長、証券検査官を担当。証券検査官当時、ニューヨーク・ロンドンに長期滞在し、米・英の証券市場・証券規制と証券会社の営業実態の調査を行う。その後、証券会社・運用会社に勤務しコンプライアンスを担当。リーマン・ブラザーズ証券株式会社では、ニューヨーク本社、東京支店に勤務。その後、静岡東海証券株式会社、日興アセットマネジメント株式会社等を経て、現在、資産運用会社勤務。
2007〜2009年まで、NHK文化センター静岡教室の講師を務める。

> 【本書の目標：株式投資による資産形成】
> ● 中長期投資で年3～6％程度の投資収益を目指す
> ● 得意銘柄、まず1銘柄、次いで2、3銘柄、最大5銘柄
>
> 【投資方針】
> 投資対象：優良企業（安定成長企業）
> 買 付 値：会社四季報のデータを用いて「安値圏」での買付
> 買付金額：最少金額（例：1銘柄100株約30万円、ミニ株では10分の1で約3万円、プチ株等では100分の1で約3,000円）
> 投資期間：中長期投資（基本：3～5年保有）

【初心者にお勧め】

[投資対象株式]	優良企業（安定成長企業）	価格変動が大きな株式は、経験を積んだ人向けです。 ・急騰銘柄 ・新興市場（ベンチャー）銘柄 ・テーマ株
[買付値]	「安値圏」で買う	「安値圏」 株の原価、過去の安値、1株当り利益から算出した合理的な買値の目安。 会社四季報のデータを図に記入して簡単に算出できます。
[買付金額]	少額買付（最少投資） 例：1銘柄30万円 　　ミニ株では3万円、プチ株等では3,000円	初心者は、少額投資にしましょう。
[保有期間]	中長期 （基本：3～5年保有）	買ってすぐ利益を得ようとする短期売買は、投資経験を相応に積んだ人が行う取引です。
[収益目標]	年3～6％程度	配当利回り（約2％）＋値上がり益（1～4％）を目指します。

目　次

第 1 章　株式投資の前に学ぶこと

1.1　株式会社とは ……………………………………………………………… 2
　1.1.1　株式投資と投資のリターン ……………………………………… 3
　1.1.2　株式投資の本質 …………………………………………………… 3
1.2　株式投資は儲かるか ……………………………………………………… 5
　1.2.1　経済成長と株式投資 ……………………………………………… 5
　1.2.2　中長期投資（3〜5年保有）の勧め …………………………… 6
1.3　株式投資の配当と株主優待 ……………………………………………… 8
　1.3.1　配　当　金 ………………………………………………………… 8
　1.3.2　株主優待 …………………………………………………………… 9
1.4　投資のリスクと対処 ……………………………………………………… 13
1.5　投資と短期売買 …………………………………………………………… 15
　1.5.1　株式投資：株式の本質的価値を取引する ……………………… 15
　1.5.2　短期売買：経験を積んだ人が行う取引 ………………………… 16
　1.5.3　株価変動の要因：企業価値とマーケット要因 ………………… 17
1.6　失敗の事例 ………………………………………………………………… 19
　1.6.1　失　敗　例 ………………………………………………………… 19
　1.6.2　失敗を防ぐ方法 …………………………………………………… 21
1.7　投資の自己責任と投資家保護の仕組み ………………………………… 22
　1.7.1　投資の自己責任 …………………………………………………… 22
　1.7.2　投資家保護の仕組み ……………………………………………… 22

第 2 章　よい株を安く買うために

2.1　投資の王道 ………………………………………………………………… 26

2.1.1	株式投資と企業の関係	26
2.1.2	株価と、利益・配当との関係を学ぶ	26
2.1.3	株価の変動	27
2.1.4	投資の収益等を計算する	27

2.2 優良企業（安定成長企業）への投資 ……………………………… 29
- 2.2.1 優良企業（安定成長企業） ……………………………………… 30
- 2.2.2 会社四季報から会社概要を把握する …………………………… 34

2.3 株価と1株当り利益の関係を学ぶ ……………………………………… 37
- 2.3.1 株価の評価 …………………………………………………………… 37
- 2.3.2 PER（株価収益率：Price Earnings Ratio） ………………… 37
- 2.3.3 株価は気まぐれ ……………………………………………………… 38
- 2.3.4 安定成長株式を人気のない時に購入する ……………………… 39

2.4 株は「安値圏」で買う ………………………………………………… 41
- 2.4.1 安値圏の株価算出例（ブリヂストン） ………………………… 44
- 2.4.2 安値圏の株価算出例（キヤノン） ……………………………… 49

第3章　得意銘柄まず一つ

3.1 得意銘柄、まず1銘柄、最大5銘柄 ………………………………… 56
- 3.1.1 得意銘柄とは ………………………………………………………… 56
- 3.1.2 得意銘柄をつくるために、記録を残す ………………………… 58

3.2 得意銘柄のつくり方 …………………………………………………… 60
- 3.2.1 得意銘柄で資産を形成 ……………………………………………… 60
- 3.2.2 投資力をつける ……………………………………………………… 62

3.3 分散投資の勧め ………………………………………………………… 64
- 3.3.1 分散投資とは ………………………………………………………… 64
- 3.3.2 2銘柄から始める分散投資 ………………………………………… 65

3.4 ゆとり投資 ……………………………………………………………… 68
- 3.4.1 ゆとり投資（3分の1投資、2分の1投資）の勧め ………… 68

3.4.2　ゆとり投資のメリット：株価が20%減少した場合 ……… 68

第4章　証券会社選びと取引の手引

4.1　証券会社の選び方 ……………………………………………… 72
　4.1.1　店頭証券会社 ……………………………………………… 72
　4.1.2　インターネット証券会社 ………………………………… 73
4.2　買付注文の出し方と取引記録 ………………………………… 75
　4.2.1　買付注文の出し方 ………………………………………… 75
　4.2.2　取引記録 …………………………………………………… 77
4.3　税金・NISA …………………………………………………… 79
　4.3.1　証券税制 …………………………………………………… 79
　4.3.2　株式売買益・配当に対する税率 ………………………… 79
　4.3.3　証券取引の取引口座の種類 ……………………………… 79
　4.3.4　NISA（少額投資非課税制度） …………………………… 80

第5章　株式投資に強くなる

5.1　会社四季報の見方 ……………………………………………… 84
　5.1.1　会社の概況と収益を把握する（キヤノンの例） ……… 85
　5.1.2　株価をみる指標：株式は1株当りの数値でみる ……… 87
　5.1.3　会社のことをもっと知ろう ……………………………… 88
5.2　Yahoo!ファイナンスの見方 …………………………………… 91
5.3　中長期投資（3～5年保有）の勧め ………………………… 96
　5.3.1　成熟国型となった日本の株価の動き …………………… 96
　5.3.2　個別銘柄の中長期投資（3～5年保有）の勧め ……… 97
　5.3.3　市場全体の動きと投資収益 ……………………………… 97
5.4　株価変動に強くなる方法 ……………………………………… 100
　5.4.1　投資方針と基本の取引方法 ……………………………… 100
　5.4.2　投資した株が思ったように上昇しない場合 …………… 100

| 5.4.3 | 投資した株が下落した場合 | 101 |
| 5.4.4 | マーケット全体が下落し続ける場合 | 101 |

5.5 投資の心理学 103
 5.5.1 株価に追随した売買をする 103
 5.5.2 利益は少なく、損は大きく 104

付録　投資ノート

1　銘柄選定の全体像 110
2　候補銘柄の書出し 111
3　銘柄検討シート（記入例） 115
4　銘柄検討シート（記入用） 123
5　JPX日経インデックス400銘柄一覧（参考資料） 130

あとがき 146

【コラム】
 株式会社の始まり（東インド会社） 4
 日経平均株価と東証株価指数 11
 株式投資のための第一歩（売買から投資へ） 16
 値ザヤ稼ぎの売買 17
 魚の頭としっぽにくれてやれ 53
 ミニ株と単元未満株（プチ株等） 57
 投資の神様バフェット 59
 日本の資本主義の父、渋沢栄一 67
 証券投資専用口座で、お金を管理 70
 業績予想 87
 株主の権利 90
 米証券取引委員会「投資家向け質問書」 106

第1章

株式投資の前に学ぶこと

1.1 株式会社とは

われわれの生活における株式会社や上場企業の役割は、とても大きなものがあります。資本主義経済においては、さまざまな企業が競い合って生活や生産に必要な商品やサービスを提供しています。その結果、多くの人々が豊かになったり便利になったり、社会全体が恩恵を受けます。もしわが国に株式制度や上場企業がなく、個人経営者や個人商店ばかりだったら、日本は、こんなに豊かな生活はできていません。

図表１－１　株式制度・上場会社の仕組みが、経済発展の大きな原動力

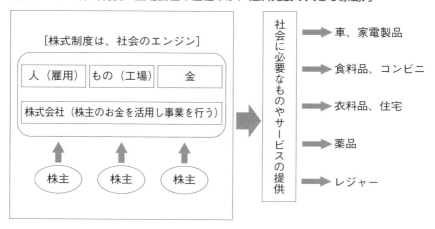

国の経済が成長・発展していくためには、株式市場により資金を集め、企業の活動が活発に行われることが必要です。株式制度は、銀行制度とともに社会のエンジンです。特に株式市場は、投資家が企業の株主となって、世の中を豊かにするための仕組みに積極的に加わっていきます。

株式会社は、小さな資金がたくさん集まって資本金を形成します。その資金で、企業は、新規事業や研究・開発・生産などを行います。株式会社の資本は銀行借入れと異なり返済の必要はなく、企業が自由に使えます。株式制

度は、資本主義の根幹です。

1.1.1　株式投資と投資のリターン

株式は英語でStockといい、蓄えるという意味があります。投資家が株式投資をした資金は企業に蓄えられます。企業はその蓄えられた資金を使って、さまざまな企業活動を行い社会に必要な商品やサービスを提供します。その結果、企業は利益を得て、その利益のなかから配当のかたちで投資家に収益（リターン）をもたらします（株式投資による買付は、その企業に出資したことと同様の意味となります）。また、企業が稼ぐと株価が上昇し、その結果、投資家にリターンをもたらします。

図表1－2　企業活動：ものづくりの会社が利益を得るまで

1.1.2　株式投資の本質

株式投資の本質を理解しましょう。投資した企業が株主の資本を用いて、よい商品・サービスの提供を行い、世の中を便利にしたり楽しくしたりして利益を得ます。その結果、配当金の支払があり、投資した企業の価値が上昇します。企業をみる目を養ってください。株価変動だけに目を奪われないで、企業価値を判断して中長期投資しましょう。

図表1－3　株式投資の本質

投資	企業活動	投資収益（リターン）
株主が投資したお金は、資本金として、企業が自由に使える資金となる。	企業が、資本を用いて、商品やサービスを提供し、利益を得る。企業が成長する。	株式配当、株価上昇により、株主にリターンをもたらす。

コラム　株式会社の始まり（東インド会社）

　世界で最初の株式会社は、1602年に誕生した「オランダ東インド会社」といわれています。当時、ヨーロッパでは、コショウと銀がほぼ同じ値段で取引されたといわれるように、東洋の香辛料の需要が高く、これを仕入れることで莫大な利益を得ることができました。

　しかし、東洋に行くには、巨大な船をつくり、長期にわたり船員を確保しなければなりません。また、嵐や海賊に襲われたりするケースが頻繁に起こりました。こうした航海に伴うリスクが当時の貿易拡大に伴い大きな足かせとなっていました。

　そこで、商人たちは、株式会社制度をつくりだしました。従来の方法は、王侯貴族など少数の大金持ちが資金を供給していましたが、これを改めたのです。多数の者からお金を集める方法を考え出しました。

　「オランダ東インド会社」は、わが国との関係も深く、江戸時代の鎖国の時、長崎の出島で唯一貿易を許されていたのがこの会社です。

1.2 株式投資は儲かるか

1.2.1 経済成長と株式投資

(1) 世界経済発展の要因

① 世界人口の増加

近年、日本の人口は、年々減少しています。一方、世界の人口をみると、中国・インド等の人口増加により、2011年の70億人から2050年には97億人へと増加が見込まれています。このため、世界でさまざまな商品やサービスの需要が増大することが、株式市場成長の要因となります。

図表1－4　世界人口の増加

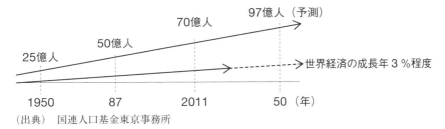

（出典）　国連人口基金東京事務所

② 人々の欲望の高まりと生活の質の向上

テレビも白黒からカラー（ブラウン管）、液晶（薄型）、4Kなどと進歩しています。こうしたニーズがあり、そのニーズに応じた企業活動がさまざまに行われていけば、企業の成長が期待できます。

(2) 世界経済の成長と株式投資

世界の経済は循環しています。世界経済はよくなったり悪くなったりしますが、全体としては、右肩上がりで成長しています。

アメリカ経済がよい時があれば、中国経済がよい時もあります。日本経済がよい時もあります。世界経済の循環を理解しましょう。株価は世界経済の

変動の影響を受けます。

図表1－5　世界経済成長のイメージ

	○○年	△△年	□□年	××年
アメリカ	↗	↗	→	↘
ヨーロッパ	↘	→	→	↗
東南アジア	↘	→	↗	↗
日本	→	→	→	↘

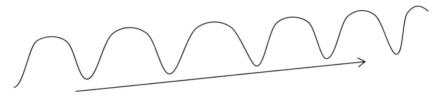

世界経済は循環しながら年３％程度成長している。

（出典）　IMF（国際通貨基金）による世界の経済成長率

1.2.2　中長期投資（3～5年保有）の勧め

　日本をみた場合、かつてのように、経済が一本調子でぐんぐん上昇していく時代ではなくなりました。日本は成熟国となりました。また、株式市場は世界全体が連動性をもって動くようになってきました。こうしたことから、近年の株式市場は4～5年程度のサイクルで上下を繰り返しています。

　1995～2012年におけるTOPIX（東証一部全上場銘柄：約1,700銘柄、2012年末時点）の投資期間別（1年、3年、5年、10年）投資収益をみると、TOPIXの純資産倍率が低い時に買って3～5年保有すると8～10％程度の投資収益率となっています（詳細は5.3参照）。

　個別銘柄はこれとは異なる動きをしますが、こうした傾向を参考としましょう。投資期間は中長期（基本：3～5年保有）投資としましょう。

図表1-6　中長期投資の勧め

○株式投資の方針……「安定成長企業」を「安値圏」で購入し、中長期（3〜5年）保有する。
○投資収益の目標……年3〜6％程度がお勧め。

[投資目標達成のイメージ]

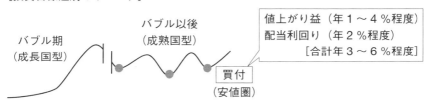

バブル以後、日本の株価は4〜5年程度のサイクルで上下を繰り返しています。株は、安い時に買い、高くなったら売りましょう。

1.3 株式投資の配当と株主優待

1.3.1 配当金

　配当金とは、企業が稼いだ利益の一部を株主に分配するものです。
　近年の配当利回りをみると1.5〜2.0%程度となっています。預金金利と比較すると、かなり魅力的な利回りとなっています。このため、配当を目的とする投資家もかなり多く、たとえば、日本証券業協会の「平成24年度　証券投資に関する全国調査」では、保有者のうち42%が配当目的です（複数回答）。配当利回りの算出例は、買付株価での株価が変動しないとした場合の運用利回りです。

図表1－7　配当利回り
例：100万円投資して2万円の配当金を受領した場合

$$配当利回り = \frac{配当金}{株式買付代金} = \frac{2万円}{100万円} = 2\%$$

図表1-8 預金金利と配当利回り

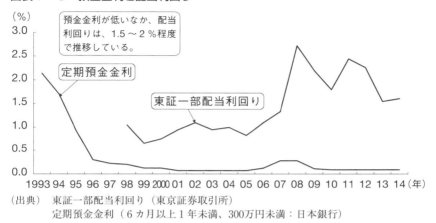

(出典) 東証一部配当利回り（東京証券取引所）
　　　 定期預金金利（6カ月以上1年未満、300万円未満：日本銀行）

［株式を配当金目的で保有する場合の留意事項］
① 配当が安定していること……配当が毎年安定していること。配当金の変動があまりに大きい銘柄は避ける。
② 配当金目的で株式保有をする場合、安値圏で株式を買う……株価が安いほど配当利回りは高くなる（上記の場合で株価が下落して買付代金が80万円の場合：2万円／80万円＝2.5％）。

1.3.2　株主優待

株主に対して、自社製品やサービスなどを提供する、優待制度のある会社が多数あります（上場会社のうち3社に1社程度が株主優待を行っています）。
［株主優待の内容（例）］
① 食品関係……お米券、ビール・ジュースなどの飲み物券、牛肉や魚介類などの生鮮品、地方の特産品
② 買物券・プリペイドカード……デパートの割引券、汎用性のあるクオカード
③ 利用券……ホテルの優待券・割引券、レストランの割引券、映画の優待

券
④ 運賃割引券等……鉄道会社・バス会社の全線パス・運賃割引券、航空会社の搭乗優待券
⑤ その他（カタログから選ぶもの）

図表１－９　株主優待の例

銘柄コード	銘柄名	権利確定月	投資株数（金額（注））	優待内容
2811	カゴメ㈱	6月、12月	100株以上（18万円）	1,000円相当の自社商品
3048	㈱ビックカメラ	2月、8月	100株以上（14万円）	2月買物優待券（2,000円） 8月買物優待券（1,000円） ［長期保有株主の場合］ 8月買物優待券 1年以上2年未満保有（1,000円） 2年以上保有（2,000円）
8267	イオン㈱	2月、8月	100株以上（12万円）	100株で3％のキャッシュバック （半年で100万円までの買物に対し）
9202	ANAホールディングス㈱	3月、9月	1,000株以上（30万円）	搭乗券50％割引券1枚

（注）　金額……2015年1月6日現在の最低購入金額。

(1) **株主優待を受け取る要件**

① 権利確定日……権利確定日に企業の株主名簿に記載されていることが必要です（権利確定日の3営業日前までに購入する必要があります。4.2参照）。
② 株主優待対象株数……株主優待の権利を受けるためには100株、あるいは1,000株といった一定数以上の株が必要です。また、配当と違い株数に

比例しない場合があります。

(2) **株主優遇の内容を知るには**

会社四季報と日経会社情報の巻末に「株主優待一覧」が掲載されています。また、株主優待の情報を集めた専門誌も発売されています。各企業のホームページでみることもできます。

(3) **株主優待の留意事項**

株主優待は、株主に対する「おまけ」です。株主優待だけに目を奪われないようにご注意ください。投資の基本（企業内容、株価の位置等）を検討せずに購入すると痛い目にあいます。

コラム　日経平均株価と東証株価指数

[日経平均株価]

株式市場全体の動きを知る指標として、最も知られているのが日経平均株価です。日本経済新聞社がデータを算出し公表しているもので、略して日経平均と呼ばれています。

日経平均株価は、東証一部銘柄のなかから、取引の活発な銘柄・業種のバランスを考慮し、主要な225銘柄を採用して平均化した数値です。この平均化は、採用銘柄の株式の分割などの際に起きる株価変動を調整して算出することにより、連続性を保っています。

しかし、日経平均株価は、東証一部全上場銘柄（約1,900、2015年8月末時点）のなかの225銘柄で構成されているにすぎません。また、本質的に単純平均的な手法のため、株価の高い銘柄が大きく動いた場合、市場の実体以上に日経平均株価が動いてしまう傾向にあります。

[東証株価指数（TOPIX）]

東証一部全上場銘柄（約1,900）を対象に平均株価を指数化しています。全銘柄の時価総額（株価×発行済株式数）を指数化したもので、増資・新規上場などの場合にはその割合に応じて修正されています。東証株価指数（TOPIX）は株式全体を表す指標として機関投資家が利用しています。また、時価総額を算出基準としているため発行株数の多い大型株の値動きなどに影響されやすい

傾向があります。

日経平均株価	東証株価指数（TOPIX）
東証一部全上場銘柄（約1,900）のなかから225の代表的銘柄を単純平均化したもの。 一般の投資家になじみがある。	東証一部全上場銘柄（約1,900）が対象、全銘柄の時価総額（株価×発行済株式数）を指数化したもの。 機関投資家が利用。

1.4 投資のリスクと対処

投資にはどのようなリスクがあるかを理解し、リスクに対処しましょう。

図表1－10　株式投資に伴うリスク

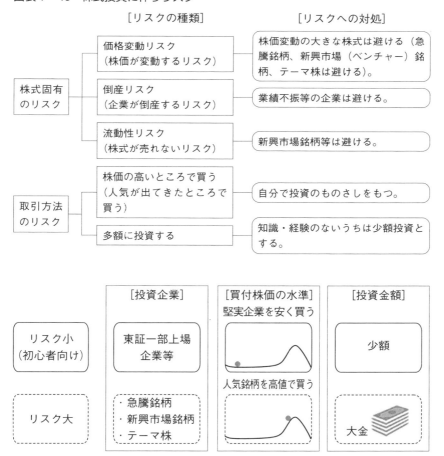

① 価格変動リスク（株価が変動すること）

価格変動リスクとは、価格変動のブレであり、下がること、上がることの両方をいいます。
・株価変動への対策……株価変動の大きい株（急騰銘柄、新興市場銘柄、テーマ株）を避ける。

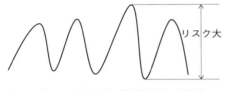

大きく儲かりそうな株（急騰銘柄、新興市場銘柄、テーマ株）は損も大きい。　　利益は小さいが大きな損を防げる。

② 倒産リスク（会社が倒産するリスク）

例：株価　1,000円　→　上場廃止（例：ライブドア）

・会社倒産への対応……業績不振の会社・財務体質の弱い会社を避ける。

③ 流動性リスク（株式が売れないリスク）

株式の売却注文を出しても、取引所での取引高が少なくて売ることができない（新興市場銘柄などで人気のなくなった銘柄に発生することがあります）。

例：1万株の売却　→　取引所での出来高が1日1,000株しかできない。

・対策……新興市場銘柄（ベンチャー企業）の株は買わない。

1.5
投資と短期売買

　株式の取引には大きく分けて二つの方法があります。一つは「投資」、もう一つは「短期売買」です。株式の本質的価値を取引するのが「投資」で、初心者にお勧めの取引です。「短期売買」は経験を積んだ人が行う取引です。

1.5.1　株式投資：株式の本質的価値を取引する

図表1－11　中長期投資のイメージ

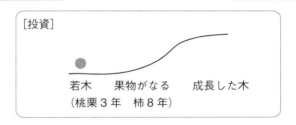

① 　目的……投資。企業の業績の将来を予想し（会社の事業内容、儲かる仕組み等を中長期的に判断し）、収益を得ようとする。企業が成長して企業価値が向上し、企業業績（利益）が向上していくことが前提となる。資産運用として投資（インベスト）するもの。
② 　銘柄選定……企業をみる目、忍耐が必要。
③ 　特徴……中長期投資の勧め。資産運用は、現在使う予定のない余裕資金を投資して将来のために資産を増やしていくこと。株価は、企業業績とは関係なく、上下しています。しかし、半年や1年といった短期間でうまくいかなかったといって失敗というものではありません。3～5年といった

期間で評価しましょう。

> **コラム　株式投資のための第一歩（売買から投資へ）**
>
> 900円で買った株を1,000円で売ることばかり考えているのは投資ではありません。企業の経営状況、企業の目指す方法などが気になり始めたら、株式投資への道を歩み始めたといえるでしょう。

1.5.2　短期売買：経験を積んだ人が行う取引

図表1－12　短期売買のイメージ

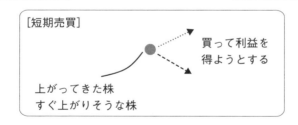

① 目的……上昇している株、すぐに株価が上昇しそうな銘柄を買い、短期間で利益を得ようとする取引。
② 銘柄選定
　・株価がぐんぐん上昇している銘柄を買う。
　・早耳情報（画期的な新商品が出そうだ、合併の予定がありそうだなどの情報）を得て、すぐに株価が上昇しそうな銘柄を買う。
③ 特徴……短期間で儲けられる可能性があるが、急騰した株ほど買ってか

らすぐ株価が下落する可能性があります。短期売買は、株価の上昇の波をうまくとらえることが大切です。チャートの見方の勉強や損切のルールを決めておくなどの対応が必要です。このため、相応の経験が必要です。

> **コラム** 値ザヤ稼ぎの売買
>
> 株価の上昇してきた株式を買って、その株がさらに上昇したら売却して利益を得ようとする取引を「値ザヤ稼ぎの売買」といいます（買付・売付のタイミングに重点が置かれます）。
> 買付銘柄は「急騰銘柄、新興市場（ベンチャー）銘柄、テーマ株等」ですが、マスコミに流れた時点で株価が高値になっている場合が多くみられ、買付後に急落するケースがよくあります。

1.5.3 株価変動の要因：企業価値とマーケット要因

株価は、短期的にみると企業業績とは別の要因で変動しています。たとえば、日本や海外のニュース、うわさ、材料、運用者の資金ニーズ（ファンドの運用者が、ファンド全体の資金ニーズで売却するもので、企業業績とは別の要因で売却される）等により常に変動しています。また、株価は、時には過度に反応します。株価が上げすぎたり、下げすぎたりすることがあります。

図表1-13　株価変動の主な要因

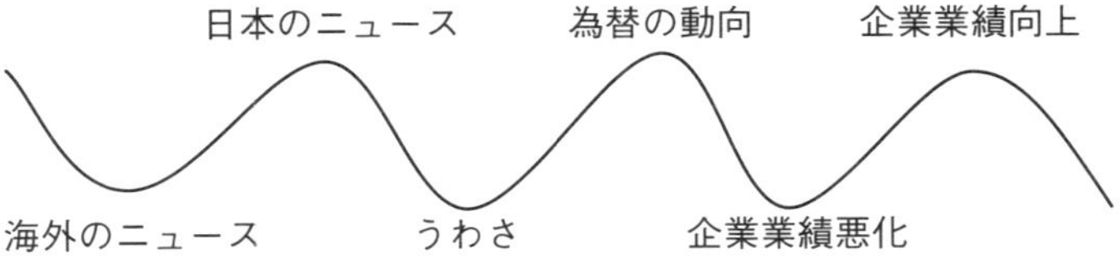

（波形グラフ：山の頂点に「日本のニュース」「為替の動向」「企業業績向上」、谷に「海外のニュース」「うわさ」「企業業績悪化」）

短期的な値動きに一喜一憂することのないようにしましょう。むしろ株価

はさまざまな要因で常に上下しているととらえましょう。株価変動への対応については、5.4（株価変動に強くなる方法）を参照してください。

株式は短期的にはさまざまな理由で変動しますが、中長期的には企業価値・企業業績に収束されます。

安定して成長する企業の本質的価値は上昇していきます。企業の本質的価値と株価のギャップが調整されるには、年月がかかります。中長期的（3〜5年）にみて、安定して成長しそうな企業に投資しましょう。

図表1−14　中長期的な株価変動の要因

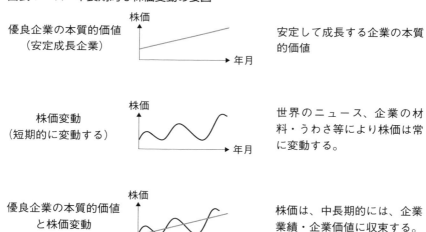

1.6
失敗の事例

　株式投資にはリスク（収益のブレ：株価変動等）がありますが、取引によっては思わぬ大きな損失を被ることがあります。また、その思わぬ損失にはいくつかのパターンがあります。失敗事例を参考にしてつまらない負け、大損を防ぎましょう。

1.6.1　失　敗　例

(1)　**人にいわれたまま株式を買う**

　知人や証券営業担当者から連絡があり、「○○銘柄がよさそうだ」との情報を得て、検討もせずにすぐ買ってしまうケースです。

・対応策……連絡があったら、すぐに買い注文を出すことなく、いったん、よく検討してみましょう。

　　推奨の根拠をよく聞き、その記録を残しましょう。次に会社四季報・日経会社情報や会社のホームページ等で会社のことをよく調べましょう。また、株価が高値でないかどうか検討しましょう。市場には、多くの情報が氾濫しています。マーケットは、プロもアマも同じ土俵で戦っています。取引にあたり、自分で検討し判断しましょう。

(2)　**雑誌の記事などをみてそのまま買う**

　雑誌の記事などをみて、検討することなく、そのままうのみにして当該銘柄を買ってしまうケースです。

・対応策……全国誌や有名雑誌に特集記事が掲載されたら、その時点がピークかもしれません。雑誌などに掲載された時は、その情報を得た人がたくさんいます。あなたの後にだれが買うか考えてください。また、雑誌はその企業について、継続して分析するわけではありません。その号だけの記事がほとんどです。よく検討しましょう。

(3) **気がつくと営業員にお任せ**

営業員に銘柄選定、売買の判断を任せてしまうケースです。

銘柄選定で迷ったときに営業員の勧めてくれた銘柄を買ったら儲かったなどから、やがて営業員との個人的なつながりが深くなり、銘柄判断から投資金額まですべて営業員のお任せになり、取引口座が利用され気がついたら大きな損失となっていくケースです。

・対応策……法令に基づかない営業担当者へのお任せ（一任取引）は、大きなトラブルのもとです。投資の判断は自分で行いましょう。

(4) **人気の高騰株を買う（飛びつき買い、値ザヤ稼ぎの買い）**

急速に株価がぐんぐん上がっている株式、人気株を買うものです。いま人気があって、株価が上昇している銘柄は、まだ上がると思いがちです。値動きのよい銘柄をタイミングよく買って上昇したら売却しようとする方法です。経験を積んだ人の行う手法です。初心者は避けましょう。

・対応策……こうした銘柄は買付した後に急落となるケースが多く見受けられます。株価が上昇していることから高値つかみをしてしまい、その後の急落のため、売るタイミングもなくしてしまいます（いわゆる「塩漬け」となります）。

図表1-15　飛びつき買いのイメージ

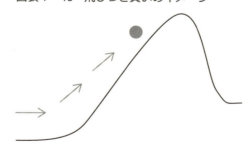

1.6.2　失敗を防ぐ方法

　失敗の事例はよく陥りやすいケースです。自分の大切なお金です。投資の判断は自分ですべきです。早耳情報や他人の言葉をうのみにして株式を買うことは避けましょう。他人の判断だけで投資をすると、損をしてもなぜ損したのかわかりません。他人の判断に頼ってばかりいると投資の力はつきません。

　①　投資対象の会社を検討しましょう

　会社四季報、日経会社情報等で会社の内容を検討しましょう。たとえば、冷蔵庫を買うときは、家電量販店に行き、カタログをみて家族と相談して、使い勝手や、電力消費、価格などをチェックします。同じように、株式を買うときも、企業の事業内容をよく検討して買いましょう。

　②　株価は妥当な水準か、企業業績等はどうか

　株価の分析をしてみましょう。現在の株価は、安いか、高いか、企業業績の今後の見込み・その理由はどうか、確認しましょう。

　③　株式を買う理由をだれかに説明できますか

　その企業の株を買うにあたって、買付理由を説明できるようにしておきましょう。その企業の魅力、成長性、株価の水準について、相手に理解できるように説明してみましょう。

1.7 投資の自己責任と投資家保護の仕組み

1.7.1 投資の自己責任

　金融商品の取引は、当事者が対等な立場で取引して成り立つものです。証券取引は、だれでも自分の判断で自由に参加できます。その結果の損得は自己の責任です。これが投資の「自己責任の原則」です。

① 自分で理解できるものに投資する

　自分でわかる商品に投資をする。わからないものには投資をしないというのが鉄則です。投資対象は、債券、日本株式、外国債券、外国株式、投資信託など、さまざまな商品があります。単に儲かりそうだというだけでなく、投資商品の特性やリスクを理解してから投資をしましょう。

② リスク管理

　「リスク」とは一般的に「危険」と解されています。しかし、投資の世界ではリスクとは「収益のブレの不確実性」のことをいいます。投資商品には固有のリスクがあります。株式の場合、株価が変動するリスクなどがあります。また、急騰銘柄、新興市場銘柄、テーマ株は株価変動が大きくリスクが高くなっています。どのくらいのリスクをとって投資をするかが大切です。

・自分で理解できる商品
・リスク管理ができること（安定成長企業、少額投資、……）

1.7.2 投資家保護の仕組み

　金融商品が多様化・複雑化しています。投資により財産形成をするにはい

くつかの商品を選ばなくてはなりません。素人は、プロと違い判断のための情報や知識・経験が不足しています。そこで法律は、情報の適切な開示・説明義務や、不正取引の排除の仕組みを課しています。近年さまざまな投資家保護の枠組みがなされてきました。

図表1−16　投資家保護の仕組み

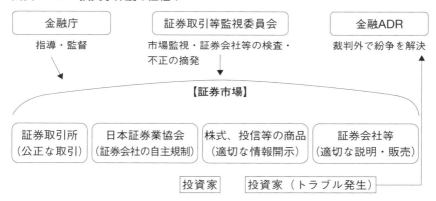

図表1-17　近年における投資家保護等の仕組み

1990 ───
　　　　　　　1992　証券取引等監視委員会発足
　　　　　　　　　　（証券会社等の検査が大幅に強化される）

1995 ───
　　　　　　　1998　証券会社が免許制から登録制へ
　　　　　　　　　　（証券会社同士の競争が激しくなった）
　　　　　　　1999　株式売買手数料の自由化
　　　　　　　　　　（全国一律固定手数料から自由化された）
2000 ───
　　　　　　　2001　金融商品販売法の施行
　　　　　　　　　　（販売商品の説明責任の強化）

2005 ───
　　　　　　　2007　金融商品取引法施行
　　　　　　　　　　（新たな証券取引等の枠組みの制定）

　　　　　　　2010　金融ADR「金融分野における裁判外紛争解決制度」
　　　　　　　　　　開始（裁判によらないで紛争を解決する制度）
2010 ───

2015 ───
　　　　　　　2014　NISA（少額投資非課税制度）開始
　　　　　　　2016　ジュニアNISA開始

第2章

よい株を安く買うために

2.1
投資の王道

　証券界には古くからの言い伝え「よい株を安い時に買い、長期保有する」があります。株式投資の意義を理解して、このよき言い伝えを実践してみましょう。

2.1.1　株式投資と企業の関係

図表2－1　株式投資と企業の関係

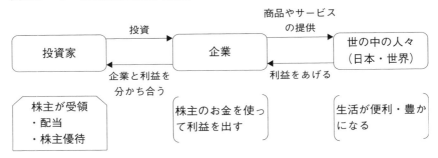

・投資家が、企業に投資をすると、企業は株主のお金を使って世の中に商品やサービスの提供をする。
・企業は、商品等の提供により利益をあげて、その利益を株主に配当等として還元する。

2.1.2　株価と、利益・配当との関係を学ぶ

①　株価と、投資企業の利益の関係

　たとえば、A社の株式1株を2,000円で買うことにしました。
　A社は決算（年1回）で、1株当り利益が150円となりました（投資した2,000円（株主のお金）で、A社は150円の利益をあげたのと同様の意味となります）。

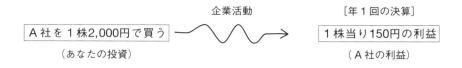

② 株価と配当の関係

A社は1株当り150円儲かったので、株主に1株当り50円を配当しました。配当利回りは、2.5%です。

$$配当利回り = \frac{(配当)\ 50円}{(株価：投資額)\ 2,000円} = 2.5\%$$

2.1.3 株価の変動

株価は常に上下を繰り返します。

上場株式は、証券取引所で取引されますが、証券取引所では、さまざまな人がさまざまな理由で株式を売買します。その結果、株価が上がったり下がったりします。

図表2-2 株価の変動

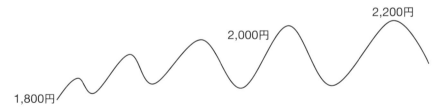

2.1.4 投資の収益等を計算する

　　投資収益等＝売買損益＋配当＋株主優待
① 売買損益……安く買って高く売れば利益が出る。
② 配当……企業の儲けは、株主に対する配当制度により還元される。
③ 株主優待……多くの企業は、株主優待制度がある（上場企業の3社に1

社程度が実施)。

　本書は、優良企業(安定成長企業)を「安値圏」で買い、利益を得ることを目的としています。

【投資手法①】

　本書のお勧めは、優良企業(安定成長企業)を「安値圏」で買い、中長期投資(基本：3〜5年保有)により年3〜6％程度の投資収益(配当＋値上がり益)を目指すものです。

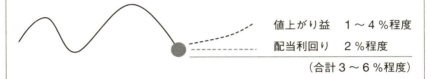

値上がり益　1〜4％程度
配当利回り　2％程度
(合計3〜6％程度)

〈中長期投資(基本：3〜5年保有)：NISA(少額投資非課税制度)投資法〉

【投資手法②】

　中長期に保有できない方は、優良企業を安値圏で買い、利益が出たら売却します。

2.2
優良企業(安定成長企業)への投資

初めて株式を買う場合は、急騰銘柄、新興市場(ベンチャー)銘柄、テーマ株を避けて、優良企業(安定成長企業)に投資しましょう。

図表2-3　投資初心者が買うべき株式

【初心者向け株式】
優良企業(安定成長企業)

特　　徴：倒産するおそれが少なく、安定しており、年々成長する企業に投資する、堅実投資。
派手さがなく面白味に欠ける。
投資手法：中長期投資(基本は3～5年保有する)
買　　値：安値圏で買う(表に書き込み検討する)

【初心者の避けるべき株式】
[急騰銘柄：株価急騰銘柄]
[新興市場銘柄：ベンチャー企業]
[テーマ株：ブームとなった株]

特　　徴：株価変動が大きい(儲けが大きいが損も大きい)
投資手法：短期売買(タイミングが大切、経験が必要)
買　　値：安いところで買う(経験を積む)
その他：損切のテクニックなど株式投資のさまざまなことを学ぶことが必要

(注)　この取引は、経験を相応に積んだ人が行う取引です。

　全国の上場企業は、約3,600社あります。このなかには、東証一部市場にみられる歴史のある大企業から始まって、東証マザーズ市場などにみられる新興市場銘柄(ベンチャー企業)(注)までさまざまです。初心者は、新興市場銘柄(ベンチャー企業)は避けましょう。また、急騰銘柄、テーマ株も避けましょう。
　(注)　新興市場銘柄(ベンチャー企業)……証券取引所の上場基準を緩和し、

設立間もない企業や、実績が十分でないベンチャー企業が上場できるように創設されたもので東証マザーズ市場などがあります。これらの株式は、今後の成長が期待できる半面、業績の安定性に欠ける企業も多く、株価の変動が大きくなりやすい傾向があります。

2.2.1 優良企業（安定成長企業）

(1) 優良企業とは

　銘柄の選び出しは、まず、優良企業としましょう。下記の優良企業の要素を参考にしてください。優良企業が特に思い当たらない場合は、各業界でトップと思われる企業を選んでください。

　あなたが知っている範囲でかまいません。たとえば、車の業界であれば、トヨタ、日産、ホンダ、スズキなど。食品であれば、カゴメ、味の素、日本ハムなど、自分の思いつくままに選んでください。

［優良企業の要素］
① 優れた商品・優れたサービスを提供していること。
② 優れた経営者・経営陣が経営に携わっていること。
③ 優れた企業文化・伝統があり、社会的に評価されていること。
④ 商品・サービスが豊富に提供できるよい市場があること。

　気になる企業をピックアップしたら、次に銘柄検討の絞り込みを行います。「安定成長企業」は、リスクも少なく初心者に最適な投資対象です。倒産するおそれが少なく、安定しており、成長が見込まれる企業を選びましょう。「安定成長企業」のイメージは次のとおりです。

図表2-4　安定成長企業

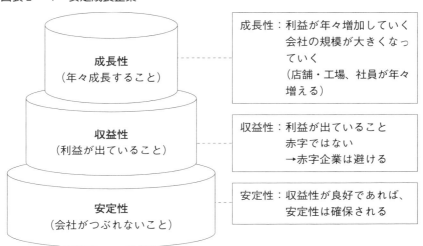

[安定性、収益性、成長性のある企業収益のイメージ：長期的に1株当り利益の成長が見込まれる]→初心者向け

[安定性、収益性、成長性に疑問がある企業のイメージ：1株当り利益が大きく変動]→初心者は避ける

図表2-5　会社四季報にみる「安定性、収益性、成長性」

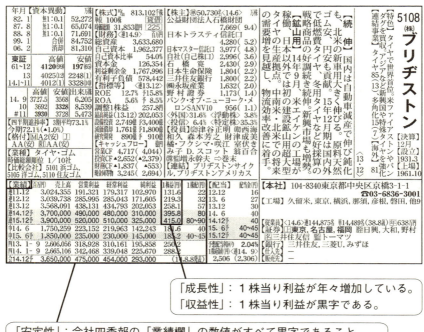

「成長性」：1株当り利益が年々増加している。
「収益性」：1株当り利益が黒字である。

「安定性」：会社四季報の「業績欄」の数値がすべて黒字であること
（赤字の場合は、数値の前に▲（マイナス）がついています）。

（出典）　「会社四季報2015年1集・新春号」㈱東洋経済新報社

図表2-6　「安定成長企業」のイメージ：1株当り利益が安定して成長する

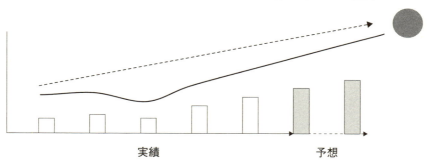

（注）　一時的な要因で特定の期に利益が少なくても「安定成長企業」として検討する（特殊な要因であり、許容範囲ならば投資対象とする）。

(2) 会社の収益をみる

　安定して成長する企業とは、「安定性、収益性、成長性」の3点の要素をもった企業です。では、会社四季報から具体的にその3要素をチェックしてみましょう。

図表2－7　安定性、収益性、成長性の見方

[安定性]
この、「業績欄」の数値がすべて黒字であること（赤字の場合は、数値の前に▲（マイナス）がついています）。

【業績】(百万円)	売上高	営業利益	経常利益	純利益	1株益(円)
連11.12	3,024,355	191,321	179,317	102,970	131.6
連12.12	3,039,738	285,995	285,043	171,605	219.3
連13.12	3,568,091	438,131	434,793	202,053	258.1
連14.12予	3,700,000	490,000	480,000	310,000	395.8
連15.12予	3,900,000	520,000	510,000	325,000	415.0

[収益性、成長性]
1株当り利益が長期的にみて成長していく。

① 安定性（会社がつぶれないこと）

　業績欄をみて、すべての数字（例：11／12～15／12の間［売上高～1株益］）がプラスの数字になっていれば、まず倒産のおそれはありません。なお、一時的な要因で、1期だけマイナスの場合（例：100年に1回といわれたリーマンショック）、倒産のリスクは少ないと思われます。この場合、その一時的な要因の理由が自分で納得できた場合には安定性があると評価します。

② 収益性（利益が出ていること）

　収益性とは、企業が儲かっていることです。本書では、1株当り利益をみます。1株当り利益が毎年出ていれば、収益性があると判断します。企業は収益性が必要でこの収益が成長性の要因になります。

③ 成長性（年々成長すること）

[実績]

　成長性とは、企業の収益が年々増加していくことをいいます。ブリヂストンの1株当り利益をみると、2011年は131円でしたが、2012年には219円、2013年には258円の実績です。

[予想]

　業績欄には、今期と来期の1株当り利益の予想が掲載されています。その数値をみると、2014年には395円、2015年には415円と年々増加傾向となっています。

　今後のブリヂストンの利益が増加する要因はどのようなものでしょうか。会社四季報では「会社の概況、解説記事等」に会社の全体像が掲載されています。

[気になる企業を検討してみましょう（銘柄：　　　　　　）]

安定性	収益性	成長性

2.2.2　会社四季報から会社概要を把握する

図表2－8　会社概要の見方

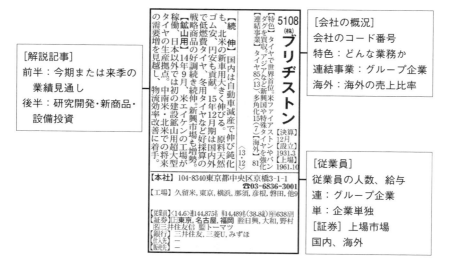

(1) 投資企業の成長性を探る

　ビジネスモデル（儲ける仕組み）を考えます。この会社は何で儲けているか。儲けの額よりも「利益の源泉」がどこにあるかのほうが重要です。多くの会社は、その利益の源が一つか二つです。その利益の源を理解しましょう。

　どんな商品・サービスが売れているか、どこで売れているかを確認します。

図表2－9　「利益の源泉」の分析（ブリヂストンの例）

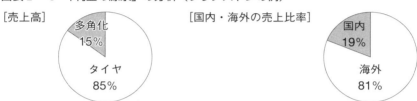

[気になる企業を検討してみましょう（銘柄：　　　　　）]

①　強み	②　優れた経営陣	③　成長する要素	④　会社のビジョン	⑤　その他（　　　）

(2) 長期的にみて優位な企業（強みのある会社）

　次の要素をもった会社は、長期的にみて優位といえます。

　　①　強みのある会社（他社を引き離す企業、まねのしづらい会社）
・トップグループの会社で、圧倒的な強さをもつ会社
・ブランド力のある会社、他社と差別化された独自の商品やサービスで他の追随を許さない会社
・だれもがほしがる商品・サービス、または特定分野で必要な商品・サービスを提供する会社

第2章　よい株を安く買うために　35

・長い間消費者に親しまれる商品、その企業でしかできない商品・サービスを提供する会社

　② 優れた人々により経営され、組織がしっかりしていてよい人材がいる
・優れた経営者、経営陣が社員をよい方向に向け、団結して大きな力を発揮させる
・経営陣が優秀（強いリーダーシップで、新たなビジネスモデルを切り開く。新しく儲かる商品の開拓）

　③ 企業が成長する要素がある
・将来的に伸びそうな企業、世の中を先読みしている企業であり、伸びる市場がある。
・ビジネスモデル（儲かる仕組み）が確率している会社

　④ 会社のビジョン・方向性がはっきりしている
・目指すもの・方向性が明確である会社

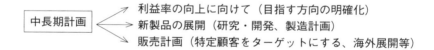

```
                    → 利益率の向上に向けて（目指す方向の明確化）
中長期計画 ←――――→ 新製品の展開（研究・開発、製造計画）
                    → 販売計画（特定顧客をターゲットにする、海外展開等）
```

［銘柄検討にあたっての留意事項］
① 家、車、冷蔵庫を買うのと同じように、よく検討する。
② 株主優待だけに目を奪われない。

2.3
株価と1株当り利益の関係を学ぶ

2.3.1 株価の評価

株価を評価する際によく使われるのが「株価収益率：PER（Price Earnings Ratio）」です。株価の評価をする際、株価が1株当り利益の何倍するかを示すものです。これは、企業の収益力と株価との関係で表すものです。「PERが○○倍だから株価が高い、安い」などといい、「株価の評価のものさし」としてよく使われます。

[例：株価が1,500円から2,000円へと上昇]

| 1,500円＝1株当り利益（100円）×15（倍） |

　　↓　株価は、1株当り利益（100円）の15倍から20倍と高くなった。

| 2,000円＝1株当り利益（100円）×20（倍） |

2.3.2 PER（株価収益率：Price Earnings Ratio）

株価は、1株当り利益の何倍になっているかが、「PER（株価収益率）」です。株価が高いのか安いのかの参考としてよく用いられます。

株価＝1株当り利益×PER

$$PER = \frac{株価}{1株当り利益}$$

図表2−10　1株当り利益とPER、株価のイメージ

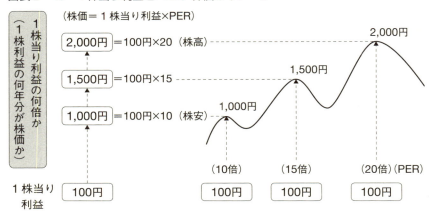

たとえば、いまのこの企業の株価はPERが10倍だから安い、20倍だから高いなどといいます。

PERは、相対的な数値ですが、高いか安いかを判断する際の一つの参考とする考え方です。

別の言い方をすれば、「人気度（評価値）」と置き換えてもいいかもしれません。人気があるから高い、人気がないから安いといったイメージです。また、業種・銘柄によって異なります。

2.3.3　株価は気まぐれ

株価は、マーケットの状況により時には大きく変わります。景気のよい時や悪い時、株式市場のセンチメント（市場心理）や投資家の売買動向などによるものです。1株当り利益が順調に右肩上がりで伸びている企業でも、株価は常に上がったり、下がったりします。たとえば、市場にとてもよいニュースが流れると日経平均が高くなり、個別銘柄も総じて高くなります（PERが高くなります）。しかし、長い目でみると株価と1株当り利益は収束していきます。

図表2-11　株価と1株当り利益の関係

2.3.4　安定成長株式を人気のない時に購入する

　会社四季報には、過去3年間の高値平均PERと安値平均PERが掲載されています。PERが高い時には売付、低い時には買付の参考となります。特に安定成長企業の場合には、1株当り利益が比較的安定しているので、この安値平均PERが安値の一つの参考指標となります。

図表2-12　株価変動のイメージ（1株当り利益×PER）

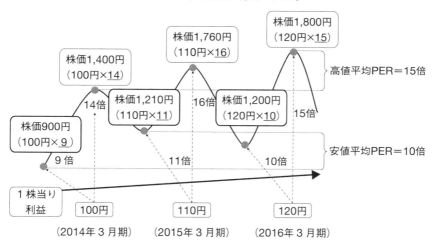

　会社四季報の上部記載の株価指標から過去の「安値平均PER」を参考にして、安値圏を検討します。

[株式指標（例）]

実績PER	
高値平均PER	15.0倍
安値平均PER	10.0倍

2.4
株は「安値圏」で買う

「株は安い時に買え」といわれています。ここでは、シンプルな方法で安値を見つける方法を説明します。これは、「企業の資産価値、過去の株価、利益見込み」の三つの面からチェックするもので、会社四季報から数値を表に記入するだけで簡単にわかるものです。「安値圏」は買値の目安です。

投資しようとする企業の株価が次の三つのなかに入れば「安値圏」、おおむね安値といえるでしょう。

(1) **原価（会社の解散価値：純資産）**

株式の原価といえる解散価値（純資産）は、企業が借金を返し、所有する工場などをすべて売却し、残る資産です。「1株当り純資産」は会社四季報に掲載されています。安定成長企業の場合は、株価の底値が原価に落ち着く傾向がみられます。

【純資産：家計の例】
　家計の例でみれば、家のローンを2,000万円で組んだ後1,000万円を返却すれば、家の資産は1,000万円となります。
［家計］

(2) **過去の安値**

株式には、個々の銘柄により特性があります。投資しようとする企業の過去の安値を調べましょう。

会社四季報には、過去数年の株価の高値・安値が掲載されています。過去の株価の底値を一つのメドとするものです。

過去数年の底値

(3) **利益見込みからみた安値（株の時価からみた安値）**

　株式の利益見込みからみた安値をチェックする方法です。株価は、「1株当り利益見込み×当該利益の何倍（PER：会社四季報から過去の安値を参考とします）」で買われるかを評価する方法です。

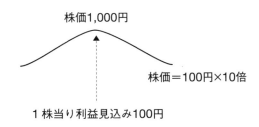
株価1,000円
株価＝100円×10倍
1株当り利益見込み100円

図表2-13 「安値圏」のイメージ

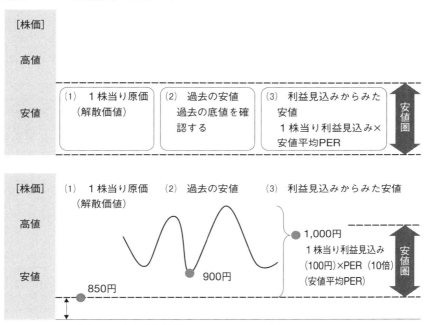

上記の場合、「安値圏は850〜1,000円」。

　株価はさまざまな要因により上下を繰り返します。「安定成長銘柄」の場合、「安値圏」を底として株価が下げ止まる傾向にあります。一般的に、株価が下がったらこわくなりますが、安定成長企業の場合は、「安値圏」が買いのチャンスです。
　ジェットコースターに例えれば、地面近くまで下がってきた時の位置が「安値圏」のイメージです。自分の投資しようとする企業の株価をチェックしてください。よい株（安定成長企業）を「安値圏」で買いましょう。

図表2-14　安定成長企業の株価と「安値圏」（イメージ）

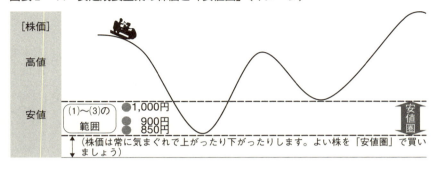

2.4.1　安値圏の株価算出例（ブリヂストン）

ブリヂストンを例に、安値圏の株価を算出する方法を説明します。

図表２－15　会社四季報からみる安値圏（ブリヂストン）

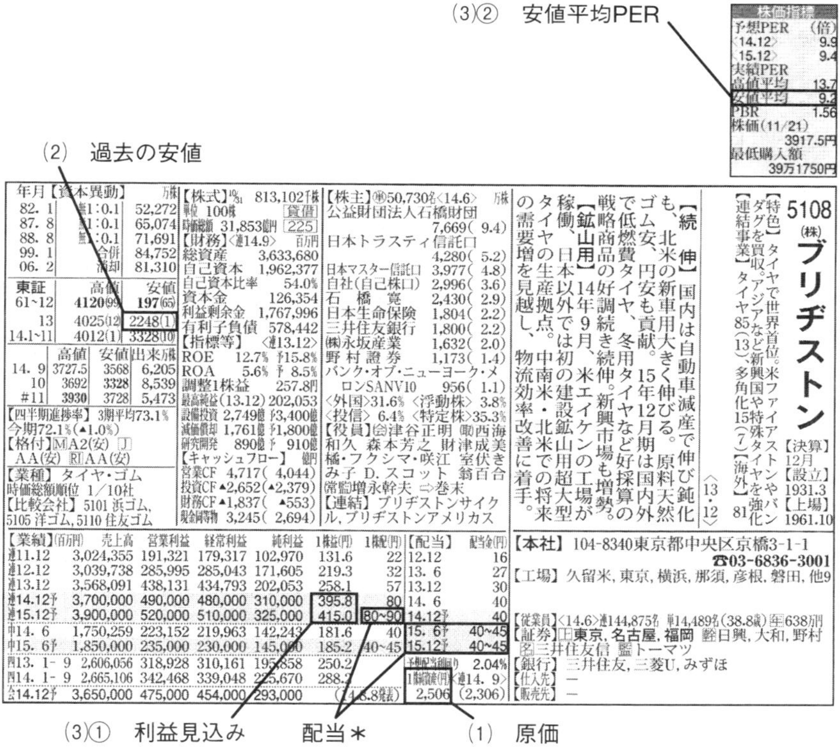

株価指標
予想PER（倍）
〈14.12〉 9.9
〈15.12〉 9.4
実績PER
高値平均 13.7
安値平均 9.2
PBR 1.56
株価(11/21) 3917.5円
最低購入額 39万1750円

5108 (株)ブリヂストン

【特色】タイヤで世界首位。米ファイアストンやバンダグを買収。アジアなど新興国や特殊タイヤを強化
【連結事業】タイヤ85(13)、多角化15(7)【海外】81〈13・12〉
【決算】12月【設立】1931.3【上場】1961.10

【続　伸】国内は自動車減産で伸び鈍化も、北米の新車用大きく伸びる。原料天然ゴム安、円安も貢献。15年12月期は国内外で低燃費タイヤ、冬用タイヤなど好採算の戦略商品の好調続き続伸。新興市場も増勢。
【鉱山用】14年９月、米エイケンの工場が稼働、日本以外では初の建設鉱山用超大型タイヤの生産拠点。中南米・北米での将来の需要増を見越し、物流効率改善に着手。

年月	【資本異動】	万株
82. 1	無1:0.1	52,272
87. 8	無1:0.1	65,074
88. 8	無1:0.1	71,691
99. 1	合併	84,752
06. 2	消却	81,310

東証	高値	安値
61~12	**4120**(99)	**197**(65)
13	4025(12)	2248(1)
14.1~11	4012(1)	3328(10)

	高値	安値	出来万株
14. 9	3727.5	3568	6,205
10	3692	**3328**	8,539
#11	**3930**	3728	5,473

【四半期進捗率】3期平均73.1%
今期72.1%(▲1.0%)
【格付】M A2(安) J AA(安) RI AA(安)
【業種】タイヤ・ゴム
時価総額順位 1／10社
【比較会社】5101 浜ゴム, 5105 洋ゴム, 5110 住友ゴム

【株式】10/31 813,102千株
単位 100株 貸借
時価総額 31,853億円 225
【財務】〈連14.9〉 百万円
総資産 3,633,680
自己資本 1,962,377
自己資本比率 54.0%
資本金 126,354
利益剰余金 1,767,996
有利子負債 578,442
【指標等】〈連13.12〉
ROE 12.7% 予15.8%
ROA 5.6% 予 8.5%
調整1株益 257.8円
最高純益(13.12) 202,053
設備投資 2,749億 予3,400億
減価償却 1,761億 予1,800億
研究開発 890億 予 910億
【キャッシュフロー】億円
営業CF 4,717(4,044)
投資CF ▲2,652(▲2,379)
財務CF ▲1,837(▲553)
現金同等物 3,245(2,694)

【株主】単50,730名〈14.6〉 万株
公益財団法人石橋財団 7,669(9.4)
日本トラスティ信託口 4,280(5.2)
日本マスター信託口 3,977(4.8)
自社(自己株口) 2,996(3.6)
石　橋　寛 2,430(2.9)
日本生命保険 1,804(2.2)
三井住友銀行 1,800(2.2)
(株)永坂産業 1,632(2.0)
野村證券 1,173(1.4)
バンク・オブ・ニューヨーク・メロンSANV10 956(1.1)
〈外国〉31.6% 〈浮動株〉3.8%
〈投信〉6.4% 〈特定株〉35.3%
【役員】(会)津谷正明 (取)西海和久 森本芳之 財津成美 橘・フクシマ・咲江 室伏きみ子 D.スコット 翁百合 (常監)増永幹夫 ⇨巻末
【連結】ブリヂストンサイクル, ブリヂストンアメリカス

【業績】(百万円)	売上高	営業利益	経常利益	純利益	1株益(円)	1株配(円)
連11.12	3,024,355	191,321	179,317	102,970	131.6	22
連12.12	3,039,738	285,995	285,043	171,605	219.3	32
連13.12	3,568,091	438,131	434,793	202,053	258.1	57
連14.12予	3,700,000	490,000	480,000	310,000	395.8	80
連15.12予	3,900,000	520,000	510,000	325,000	415.0	80~90
中14. 6	1,750,259	223,152	219,963	142,243	181.6	40
中15. 6予	1,850,000	235,000	230,000	145,000	185.2	40~45
四13. 1- 9	2,606,056	318,928	310,161	195,858	250.2	
四14. 1- 9	2,665,106	342,468	339,048	225,670	288.2	
会14.12予	3,650,000	475,000	454,000	293,000	(14.8.8発表)	

【配当】	配当金(円)
12.12	16
13. 6	27
13.12	30
14. 6	40
14.12予	40
15. 6予	40~45
15.12予	40~45
予想配当利回り	2.04%
1株純資産(円)〈連14. 9〉	2,506 (2,306)

【本社】104-8340東京都中央区京橋3-1-1 ☎03-6836-3001
【工場】久留米, 東京, 横浜, 那須, 彦根, 磐田, 他9
【従業員】〈14.6〉連144,875名 単14,489名(38.8歳) 年638万円
【証券】上東京, 名古屋, 福岡 幹日興, 大和, 野村 名三井住友信 監トーマツ
【銀行】三井住友, 三菱U, みずほ
【仕入先】―
【販売先】―

図表2−16　原価、株価、1株当り利益のチャート（ブリヂストン）

[ブリヂストン　5108]

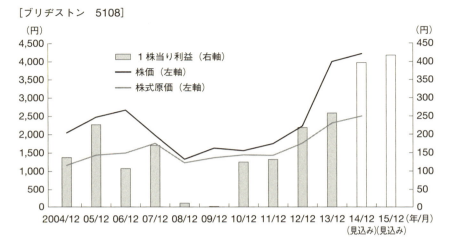

配当利回りは、次の計算式で算出します。

配当／株価＝80−90円／4,040円＝1.98−2.22％（予想）
　＊配当（予）：80−90円
　　（2015／6　40−45円　2015／12　40−45円）
　　株価：2015年1月6日　4,040円

図表２−17　安値圏のイメージ（ブリヂストン）

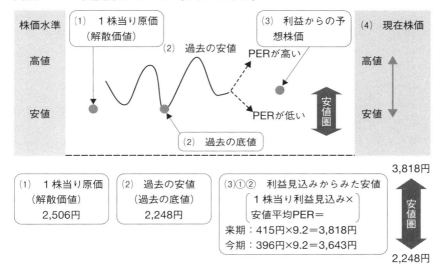

図表２−18　安値圏の検討例（ブリヂストン）

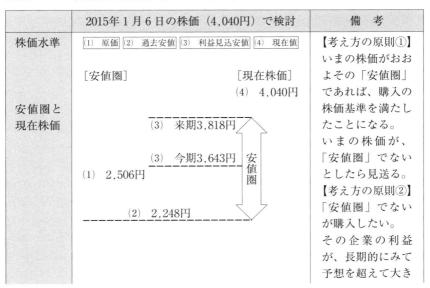

第２章　よい株を安く買うために　47

検討① [買う]	現在の株価は4,040円で「安値圏」よりもやや高い。しかし、今後の業績見込み等からすれば長期的にみて成長が期待される。株価は一時的に少し下落するかもしれないが、それを認識したうえで、中長期保有する。	なものになると思えば、購入することも投資家の判断。それが企業の将来をみる目ともいえる。ただし、ある程度の高値で購入するため、株価の多少の下げにも耐えうることを肝に銘じること（安値圏の株価を認識したうえで株を購入する）。 【考え方の原則③】株価の検討にあたっては、企業の業務内容・今後の成長性等を考慮に入れる（2.2.2参照）。 [参考] 上記の検討にあたり、当該企業の最近の株価の推移（例：1年間、半年間）を参照（Yahoo!ファイナンスなど）。
検討② [買わない]	現在の株価は4,040円で「安値圏」よりやや高い。 株価がもう少し下がってから買うことにしたい。	

2.4.2 安値圏の株価算出例（キヤノン）

次に、キヤノンを例に、安値圏の株価を算出する方法を説明します。

図表2－19　会社四季報からみる安値圏（キヤノン）

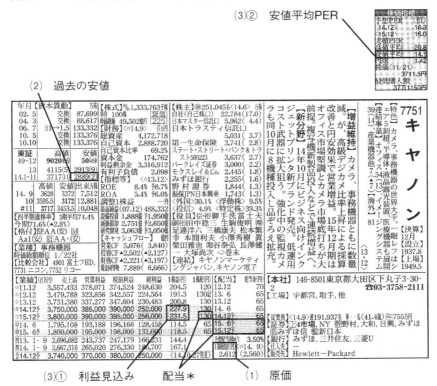

(出典)「会社四季報2015年1集・新春号」㈱東洋経済新報社

図表2−20　原価、株価、1株当り利益のチャート（キヤノン）

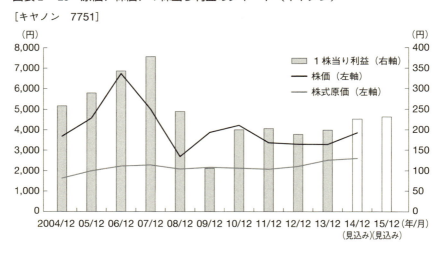

配当利回りは、次の計算式で算出します。

配当／株価＝130円／3,690.5円＝3.52％（予想）
＊配当（予）130円（2015／6　65円　2015／12　65円）
株価：2015年1月6日　3,690.5円

図表2-21 安値圏のイメージ（キヤノン）

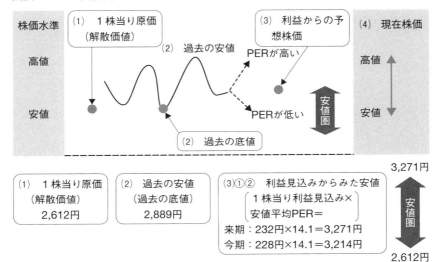

図表2-22 安値圏の検討例（キヤノン）

株価水準	2015年1月6日の株価（3,690.5円）で検討	備　考
株価水準 安値圏と 現在株価	(1) 原価　(2) 過去安値　(3) 利益見込安値　(4) 現在値 [安値圏]　　　　　　　　[現在株価] 　　　　　　　　　　　　(4)　3,690.5円 　　　　　　(3) 来期3,271円 　　　　　　(3) 今期3,214円　　安値圏 　　(2) 2,889円 (1) 2,612円	【考え方の原則①】 いまの株価がおおよその「安値圏」であれば、購入の株価基準を満たしたことになる。 いまの株価が、「安値圏」でないとしたら見送る。 【考え方の原則②】 「安値圏」でないが購入したい。 その企業の利益が、長期的にみて予想を超えて大き

検討① ［買う］	現在の株価は3,690.5円と「安値圏」よりも高い。しかし、今後の業績見込み等からすれば長期的にみて成長が期待される。株価は一時的に3,000〜3,200円程度になるかもしれないが、それを認識したうえで、長期保有する。	なものになると思えば、購入することも投資家の判断。それが企業の将来をみる目ともいえる。ただし、ある程度の高値で購入するため、株価の多少の下げにも耐えうることを肝に銘じること（安値圏の株価を認識したうえで株を購入する）。	
検討② ［買わない］	業績見込み等はよさそうだが、現在の株価は、「安値圏」より高い。 しばらくは株価の動きをみてみたい。株価が3,000〜3,200円程度になったら買いたい。	【考え方の原則③】 株価の検討にあたっては、企業の業務内容・今後の成長性等を考慮に入れる（2.2.2参照）。 ［参考］ 上記の検討にあたり、当該企業の最近の株価の推移（例：1年間、半年間）を参照（Yahoo!ファイナンスなど）。	

コラム 魚の頭としっぽはくれてやれ

　株式の取引では、いちばん安いところ（最安値：底値）で買って、いちばん高いところ（最高値：天井）で売りたいと思いがちですが、実際にはそう思うようにはならず、欲張って買い時や売り時を逃がしがちです。このため、魚に例えて「頭としっぽはくれてやれ」というように、底値より高く買ったり、天井より安く売ったりしてもいいじゃないかと、気持ちに余裕をもって投資をする考え方です。

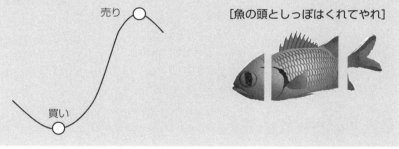

［魚の頭としっぽはくれてやれ］

第3章

得意銘柄まず一つ

3.1 得意銘柄、まず1銘柄、最大5銘柄

　得意銘柄をつくりましょう。得意銘柄ができると、その企業のことがわかり、その銘柄の業務・株価変動に強くなります。得意銘柄をつくり堅実性を高めて、収益性をあげていきましょう。得意銘柄は、まず1銘柄です。資金にあまり余裕のない方、初めての株式投資で不安を感じる方は、ミニ株、プチ株等から始めましょう。

3.1.1　得意銘柄とは

　会社の儲けの仕組み、業界の動き、株価の高値、「安値圏」を学び、得意銘柄をつくりましょう。株価の変動に対する忍耐力も養われてきています。

　得意銘柄はまず1銘柄。それから2、3銘柄と増やし、銘柄数は、最大5銘柄までとしましょう。

(1) **投資企業の事業内容がわかる**

① 会社の行っている事業内容がわかる。会社の利益の構造がわかる。その銘柄の業種・業界もわかる。

② 会社の目指す方向がわかる。

商品内容がわかる サービス内容がわかる	どこで売っている（国内海外） だれに売っている	儲けの仕組みがわかる
		儲けの仕組み ビジネスモデル

(2) **株価変動の特徴がわかる**

① 株価変動の癖がわかってくる（値動きの特徴を知る）。

② 安値と高値をつける時の特徴がわかる。

③　ニュースが出た際の株価の動きがわかる。

コラム　ミニ株と単元未満株（プチ株等）

　ミニ株（正式名称「株式ミニ投資」）は、単元株の10分の1から購入できるようにした、証券会社の取引方法です。
　このため、たとえば単元株だと30万円の株が、ミニ株だとその10分の1の3万円で買えます。初心者の方は、まず「ミニ株」から投資する方法があります。

購入単位	単元株の10分の1からの売買可能（例：単元株30万円、ミニ株3万円）
取扱証券会社と取扱対象銘柄	取り扱っている証券会社と取り扱わない証券会社がある。証券会社のホームページ等で確認が必要（一覧表が掲載されている会社がある）。
購入日	注文を出した日の翌日の始値で売買される（指し値注文ができない）。
手数料	単元株よりも割高になる場合もある。
株主の権利	配当金相当額：持ち分に応じ受領 株　主　優　待：原則なし（各社の対応による） 議　　決　　権：株主総会への出席は不可

　また、「単元未満株」を1株から取引可能にした証券会社があります。たとえば、ある株式の単元株（売買単位）が100株で、株価3,000円の場合、購入金額は30万円です。一方、単元未満株の取扱いでは、この場合1株（3,000円）から購入可能となります。ミニ株よりもかなり少額にした、この単元未満株の取引は、証券会社各社独自の名称（例：ワン株、プチ株、Ｓ株、まめ株）を用いている場合があります。

3.1.2　得意銘柄をつくるために、記録を残す

① なぜ、その銘柄がいいのか……できるだけ詳しく記載する。
② ニュース、新聞記事、会社四季報・日経会社情報などが出るたびにその情報、株価の変化などの記録をとっておく。

(1) **少額投資で、投資経験を蓄積しましょう**

株価の確認は月に1回程度でかまいません。たとえば月末や給料日にチェックしましょう。

日々の株価変動に一喜一憂しないことが大切です。

新聞記事等で気になるものがあれば、とりあえず切り抜いておいてください。

毎日のニュースをずっと追いかけなくても大丈夫です。週末にまとめてみてください。

ホームページでみて気になるものがあったらプリントしたり、外出先で気になるものを見つけたら、写真やメモをとったりしましょう。整理は、月1回、3カ月に1回、やむをえない場合は1年1回とする方法もあります。

記録を残しましょう。

　(注)　少額投資の結果、自分に向いていないと思ったら、株式投資をやめましょう。

(2) **買付後の記録を残しましょう**

2015年	株価（円）			会社の状況	経済状況等
	高値	安値	終値		
1月					
2月					
3月					
⋮					
11月					
12月					

コラム 投資の神様バフェット

　投資の神様として世界的に知られるウォーレン・バフェットは、投資会社「バークシャー・ハサウェイ」を率いています。投資哲学は、「企業の本質的価値を見極め、割安株に長期集中投資する」「自分が理解できる企業にだけ投資して、それ以外の分野には絶対に手を出さない」「買うのは企業であって株価ではない」などをモットーとしています。

　2000年頃のITバブルの際に、多くのプロ投資家がIT企業に投資をしているなか、いっさい投資をしなかったため、バフェットの判断が正しいことが後に証明され、さらに評価が高まりました。

　世界一の投資家といわれるバフェットは、一度保有したら、よほどのことがないと同じ銘柄を保有し続けます。

　株式は保有し続けたら、株価が上昇しても、税金は払う必要がありません。得意銘柄の投資経験を積むことで、あなたも「一生銘柄」が見つかるかもしれません。

3.2
得意銘柄のつくり方

3.2.1 得意銘柄で資産を形成

　得意銘柄をもつことで、企業の様子がわかり、株価変動の特徴もわかります。このため、その会社への投資のリスクは少なくなっているはずです。得意銘柄を資産形成の一つとして位置づけましょう。

　投資額は増やすこともできます。株価は低迷していても今後の企業業績が良好と見込まれれば、長期投資の観点から安く買って高く売ることも期待できます。毎日の株価変動や、マスコミのニュースに動揺することも少なくなっていきます。

(1) ミニ株・単元未満株（プチ株等）で投資経験を積み、その後金額を増やす例

買付の例	現在	3年後	10年後	20年後
○○企業	ミニ株 3万円	ミニ株 3万円	30万円	300万円
△△企業	―	ミニ株 4万円	40万円	400万円
□□企業	―	ミニ株 5万円	50万円	500万円
（備　考）	まず1銘柄	3銘柄の買付	ミニ株から単元株	株数を増やす

　資金があまりなかったり、株式投資に不安を抱えていたりする方は、ミニ株から始めましょう。ミニ株であれば、2万～3万円で買える銘柄がたくさんあります。少し余裕がある方は、3銘柄10万円程度買ってみることも考えられます。また、単元未満株（プチ株等）の取引であれば、かなりの少額で取引が可能となります。

(2) **少額投資で経験を得てから、投資金額を増やす例**

買付の例	現在	3年後	5年後
○○企業	30万円	60万円	300万円
△△企業	40万円	80万円	400万円
□□企業	50万円	100万円	500万円
（備　考）	単元株	株数を増やす	株数を増やす

　株式投資を初めて行う方、資金的な余裕はあるが、投資のリスクがこわい方は、少額投資としましょう。1銘柄30万円程度、3銘柄で100万円程度の銘柄がたくさんあります。

(3) **退職金で株式投資を考えている方**

　定年を迎えて、時間的な余裕がある方は、いままでの人生経験から自分に適した銘柄を探し出しましょう。退職金が出てもいきなり大金をつぎ込まず、最低金額としましょう。たとえば、ミニ株を3～5銘柄買って1年間じっくり学びましょう。また、その方の経験・知識等にもよりますが、投資額は、金融資産の1割程度に抑えましょう。たとえば、退職金が2,000万円出たら、200万円までとしましょう。増額は、経験を積んでからにしましょう。

3.2.2 投資力をつける

株式投資には、知識と経験が不可欠です。焦らず、地道に、投資に必要な力を身につけていきましょう。

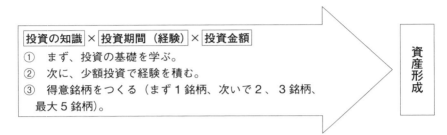

自分の年齢、収入、資産等により無理のない範囲で投資をしましょう。

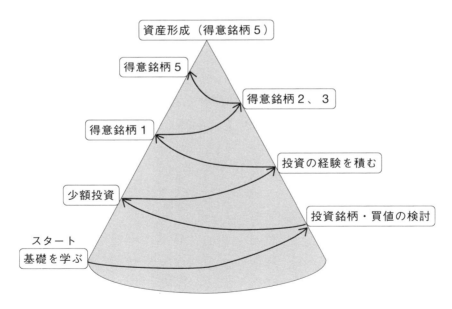

［得意銘柄をつくるために：株式買付後の留意事項］
① 株価の上下・景気の循環を体験する。

②　投資企業の業種を学ぶ。
③　投資の記録を残す。

3.3 分散投資の勧め

もしもある国の上場会社が2社だけだった場合、どのように株式投資をしますか。

3.3.1 分散投資とは

その国は観光の国で、上場会社は「リゾート株式会社」と「傘会社」しかありません。観光客が多いので観光会社も儲かるのですが、雨の季節にはまったくといっていいほど顧客が来ません。その国は、雨が多いので傘が必需品で、傘もよく売れます。

(1) 1銘柄だけ購入した場合

[リゾート会社の株だけ購入する]　　天気　　　　　　　　　　　株価

リゾート会社
（海辺のホテル）

雨ばかり続いた場合、顧客が来なくて、儲からない。

[傘会社の株だけ購入する]

傘会社
（傘の製造販売）

晴ればかり続いた場合、傘が売れず、儲からない。

(2) 2銘柄購入した場合

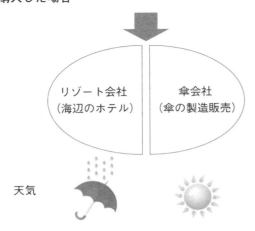

そこで、「リゾート株式会社」と「傘会社」の両方の株式を買い、雨でも、晴れでも儲かるようにします。

3.3.2　2銘柄から始める分散投資

株式は、業種などにより異なる株価の動きをします。

たとえば、海外の景気がよくなり、それに円安となれば、輸出をする企業（外需企業）が儲かります。一方、海外景気に関係なく国内消費者だけを相手にしていて、日本国内の景気がよくなれば儲かる企業（内需企業）があります。分散投資をしましょう。分散投資の効果は次のとおりです。

① リスク分散され、株価変動のばらつきが緩和される。
② 投資株式全体をポートフォリオ（注）として管理する感覚が身につけられる。
③ 複数銘柄を保有することにより、一つの銘柄へのこだわりが小さくなる。

　（注）　ポートフォリオとは、紙ばさみ（金融資産の組合せのこと）をいいます。食べ物の例でいえば、幕の内弁当のようなもので、肉ばかりでなく野

菜や魚もあわせて食べてバランスをとることをいいます。

[2銘柄の場合]

海外需要（輸出）企業と国内需要企業でバランスをとる

[3銘柄の場合]

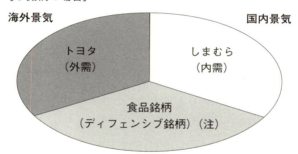

（注）ディフェンシブ銘柄……景気に左右されにくい企業。

　分散銘柄がわかりづらい場合は、候補銘柄の株価チャートを中長期（3〜5年）分みて、値動きの異なる銘柄に投資しましょう。
　銘柄は、最大5銘柄までとしましょう。通常、たくさんの銘柄を管理することは困難です。少額取引で徐々に個々の株式の理解を深め、経験を積んで得意銘柄とし、その後、各銘柄の株数を増やしていきましょう。

図表3-1　分散投資のイメージ：2銘柄の例

> **コラム**　日本の資本主義の父、渋沢栄一
>
> 　日本の株式制度は、渋沢栄一によってもたらされました。徳川幕府の最後の将軍、徳川慶喜に仕えていた渋沢栄一は、パリ万博に出席することになった慶喜の弟の昭武に随行し、1867年からヨーロッパに1年半滞在しました。ヨーロッパでは世界の先端の社会・経済制度等や国を豊かにする基本、特に株式会社制度と銀行制度を学びました。1868年に帰国した後、大政奉還により政権を離れた徳川慶喜の住む静岡で、金融業等を営む商法会所をつくり、その後、大蔵省に勤務し貨幣制度、銀行制度等の調査・立案を行いました。大蔵省退官後、1873年設立の日本最初の株式会社、第一国立銀行（現在のみずほ銀行）の頭取に就任しました。また、鉄道、紡績、製紙、化学、造船、建設、ガス・電力等、500以上の企業の設立・育成に貢献し、日本の資本主義の父といわれています。渋沢栄一の生涯と事績については、渋沢史料館（東京都北区）でみることができます。

3.4 ゆとり投資

できるだけゆとり投資を心がけてください。株価変動、景気の波の経験等に慣れるには経験が必要です。初心者の場合、株式投資は特に余裕をもってください。ゆとりがあれば冷静な判断ができます。

3.4.1 ゆとり投資（3分の1投資、2分の1投資）の勧め

用意した投資資金を目いっぱい使わないようにするものです。まず、投資資金の2分の1まで、または3分の1までで投資するものです（例：60万円の投資資金の場合、30万円または20万円が当初の投資金額となります）。

図表3－2　ゆとり投資の例

株式投資資金の総額 ゆとり投資	30万円	60万円	100万円
2分の1投資	（ゆとり金15万円） 投資金額15万円	（ゆとり金30万円） 投資金額30万円	（ゆとり金50万円） 投資金額50万円
3分の1投資	（ゆとり金20万円） 投資金額10万	（ゆとり金40万円） 投資金額20万円	（ゆとり金67万円） 投資金額33万円

3.4.2 ゆとり投資のメリット：株価が20％減少した場合

たとえば60万円全額で株式を購入し、20％株価が下がった場合は、当初資金が48万円となります。一方、「2分の1投資」または「3分の1投資」で

は、次のように投資資金全部をつぎ込むより損失が少なくてすみます。
① 投資の総額60万円……2分の1投資　30万円が20％減に。
　　→残額：60万円 − 6万円＝54万円
② 投資の総額60万円……3分の1投資　20万円が20％減に。
　　→残額：60万円 − 4万円＝56万円

［株価が下落した場合等の対応（ゆとり投資で損失が発生しても次の対応がとれます）］
① 銘柄選択が誤りであった。
　・例……当初予想していた業績と異なり大幅減益となる、思わぬ事態が発生して収益が悪化と見込まれる。
　・対応……当該銘柄を売却する（売却損の発生）。もしほかによい銘柄があれば購入する。
② 銘柄の選択に誤りはなかったが株価が大幅に下落した。
　・例……業績の見込みは変わらないが、マーケット全体が悪化した時などで株価が下落。
　・対応……企業の業績見込みは変わらないが、株式が安く買える（投資価値の上昇）ので、その株を買増しする。すると、その株式の株数が増加して、平均株価は下がる（3,000円で買った株が2,400円になった場合＝平均株価は2,700円 $\left(\dfrac{3,000円 + 2,400円}{2}\right)$）。

ゆとり投資をした後に、当該企業がよい企業であることがより明確になってきた場合は、その企業に自信をもって資金を追加して投資することができます。

コラム　証券投資専用口座で、お金を管理

　株式投資は、リスクを伴い、また期間が長いものとなります。そのため、証券投資専用の銀行口座（郵便口座）をつくってみませんか。銀行口座でさまざまな取引があると全体の金額がわかりづらく、管理しづらくなります。そこで証券専用の口座がお勧めです。

　また、多くの証券会社では「証券総合口座（銀行の普通預金口座と同様の性格をもつ口座：MRF（マネー・リザーブ・ファンド：投資信託の一種であり元本の安全性が高いもので1円から買付が可能））」があるので、それで管理する方法があります。

第 4 章

証券会社選びと取引の手引

4.1
証券会社の選び方

　証券会社には、店頭証券会社（顧客担当の営業員が決まっている）とインターネット証券会社があります。それぞれの長所・短所を検討して自分にあった証券会社を選びましょう。

［証券会社を選ぶ基準］
① 　サービス内容……取扱商品の品ぞろえ、情報提供の内容、資産管理（保有資産管理等）
② 　費用……証券取引手数料
③ 　利便性……証券会社のキャッシュカードの有無と提携ATMの状況、証券総合口座MRFの状況（MRF：マネー・リザーブ・ファンド、投資信託の一種、普通預金口座相当、即日引出し可能）

4.1.1　店頭証券会社

(1)　**店頭証券会社の特徴と選び方**
① 　窓口対応のメリット……担当営業員がおりさまざまな質問や相談ができる（専門用語の意味、データの読み方などが聞ける）。
　　パソコン操作のわずらわしさがない（電話注文のため、パソコン操作が不要）。
② 　デメリット……手数料が高い（100万円の取引に対し4,000～10,000円程度）。
③ 　証券会社の選び方……株式投資をするうえでは、大手も中小も変わりません。できるだけ、自宅・会社から近い所を選ぶようにしましょう。その会社の雰囲気を含め、足を運びやすい所にしましょう。

(2)　**証券会社の店頭で**
　証券営業員は選べません。その日窓口にいた人が担当になる、受持ち地域の担当が決まっている等です。
　「口座開設」にあたっては、必要事項に記入・押印し、本人確認資料（運

転免許証等）を提示し、株式購入資金を支払います。

(3) **営業員との連絡方法**

　自分の事情がある場合は、それをよく伝えておきましょう。たとえば、顧客商売で電話に出られない場合、マイペースで時間を使いたい場合等は、電話対応等についての考え方を伝えておきましょう（例：必要な場合こちらから電話をするので、それ以外は電話をしないでほしい、等）。

　営業員から電話・訪問による勧誘があった場合、よく説明を受け不明なことは質問しましょう。冷静になり自分で銘柄をよく検討することをお勧めします。大切な財産です、電化製品や車を買うときと同じように慎重に判断しましょう。

4.1.2　インターネット証券会社

(1) **インターネット証券会社の特徴と選び方**

① メリット……いつでも取引ができる（24時間）。
　　手数料が安い（100万円の取引に対し400～1,000円程度）。
　　さまざまな情報がパソコンでみられる。
② デメリット……パソコン操作のわずらわしさ。
　　投資の判断の相談はできない。
③ インターネット証券会社の選び方……まず、いろいろな会社のホームページにアクセスしてみる。
　・手数料の比較、画面の操作性、サービス・特徴のチェック。
　・コールセンターに電話をしてみる（対応振りを電話で確認する）。

(2) インターネット証券会社での口座開設の流れ

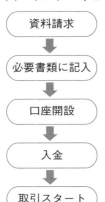

資料請求　インターネット証券会社のホームページをみて口座開設の資料を依頼（請求方法：インターネット、電話）

必要書類に記入　口座開設書類の送付を受け、必要事項を記入・押印し、本人確認書類（運転免許証のコピー等）を添えて返送する。

口座開設　証券会社から、「口座開設のご案内」が到着する。

入金　「口座開設のご案内」に記載された銀行の振込先口座に株式の購入資金を振り込む。

取引スタート　「口座開設のご案内」に記載のログインID、ログインパスワード（暗証番号）でログインし、株式取引をスタートさせる。

(3) **証券投資にあたっての投資家の状況の把握**

　証券営業員は、顧客に適切に勧誘をしなければならないと法令等で規制されています。このため、証券会社から、知識、経験、財産の状況、投資目的等を聞かれます。

［投資目的の例］
① 　投資元本の安全性重視
② 　元本の安全性と安定収入
③ 　利子・配当等安定的収入の有無を重視
④ 　上記③を優先するが資産価値増大も配慮
⑤ 　資産価値の大幅な増大を期待するが上記③にも配慮
⑥ 　長期的視野に立ったキャピタルゲイン重視
⑦ 　中期的視野に立ったキャピタルゲイン重視
⑧ 　短期的視野に立ったキャピタルゲイン重視

4.2
買付注文の出し方と取引記録

4.2.1 買付注文の出し方

買付注文から取引完了までの流れを次に示します。

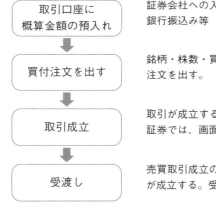

取引口座に概算金額の預入れ　　証券会社への入金
　　　　　　　　　　　　　　　銀行振込み等

買付注文を出す　　銘柄・株数・買い方（成行き、または指し値）が決まったら注文を出す。

取引成立　　取引が成立すると証券会社から連絡がある。インターネット証券では、画面で確認できる。

受渡し　　売買取引成立の翌日から起算して3営業日目に代金の受渡しが成立する。受渡し成立後、取引成立通知が届く。

(1) **株式購入のための必要な資金は、**

　株価×株数＋手数料＋手数料に係る消費税＝株式買付の合計金額

［買付例］（3,000円の株を100株購入した場合、手数料は1,000円で計算）

　3,000円×100株＋1,000円＋80円（消費税8％）＝301,080円

(2) **買付注文を出す**

　証券会社に株式注文を出す際に伝えることは、次のとおりです。

・銘柄名、銘柄コード
・取引する株数
・「買い」か「売り」か
・「指し値」か「成行き」か（注）

第4章　証券会社選びと取引の手引　75

・注文の有効期限……例：今日中、今週中
（注）「指し値」か「成行き」……初めての方は、「指し値」で買いましょう。成行きの場合、思わぬ値段となってしまうことがあり、証券会社で時折トラブルが発生しています。

[証券取引の注意事項]
　注文内容をよく確認しましょう。特に注文株数に注意しましょう。
① 指し値注文……1株当りの株価の値段を指定して注文すること。
　たとえば、ある株式を1株当り3,500円で指し値注文する。この場合、取引市場での取引株価が3,500円を超えてしか成立しなかったとすると、その株式は購入できません。
② 成行き注文……市場の成行きに任せて株式を注文すること。
　成行きで注文すると、確実に買えますが、思ってもいない株価で取引が成立する可能性があります。特に株価の動きが激しいときは、注意が必要です。

[株式市場での取引成立の3原則]
① 成行き注文優先の原則……成行き注文と指し値注文が出された場合は、成行き注文が優先
② 価格優先の原則……指し値では価格優先（買付は高値、売付は、安い値段が優先）
③ 時間優先の原則……同じ条件であれば、注文を先に出したほうが優先

(3) 取引成立
　取引内容が、注文内容と同じかどうか、よく確認しましょう。

(4) 受渡し成立後（証券会社からの通知）
　取引が成立すると証券会社から取引報告書の送付があります。
・約定日……取引の成立した日
・銘柄名……売買した銘柄
・売買の別……買付、売付の区分
・数量……売買株数

・売買単価……1株当りの単価
・受渡日……取引成立の翌日から3営業日目
・手数料・消費税……売買手数料・消費税
・受渡金額……手数料・消費税を含めた合計金額

4.2.2 取引記録

(1) 売買注文の記録

売買注文を出した時に記録を残しておく。
・銘柄名、株数、値段（指し値・成行き）、売買の別、日付・時間、銘柄選定の理由

(2) 取引残高報告書

証券取引残高があると3、6、9、12月末現在の状況が送付されてきます。
・口座の残金
・保有銘柄名・株数
・保有株式の時価

証券取引口座のみで残高がない場合は、1年に1回取引残高報告書の通知があります。

(3) 購入までのスケジュール

取引成立の翌日から起算して3営業日目が受渡日となります。

配当や株主優待を得るには「権利確定日」に株主名簿に記載される必要があります。「権利確定付最終買付日（権利確定日の3営業日前）」までに株を買っておく必要があります。

［3月決算期の例］

2015年3月26日（木）	27日 （金）	28日 （土）	29日 （日）	30日 （月）	31日 （火）
権利確定付最終買付日					権利確定日

4.3 税金・NISA

4.3.1 証券税制

株式の売買益や配当を受領した場合には、税金がかかります。ここでは、その税金の概要、税金を支払うための口座の種類や方法を説明します。また、2014年から始まったNISA（少額投資非課税制度）について説明します。

4.3.2 株式売買益・配当に対する税率

① 所得税および復興特別所得税……15.315％（所得税15％、復興特別所得税0.315％）
② 住民税……5％
（注）復興特別所得税は、東日本大震災からの復興財源確保のため平成49年まで課税対象となります。

4.3.3 証券取引の取引口座の種類

証券会社で取引口座を開こうとする際は、自分の取引状況に応じて取引口座を決めてください。NISAを利用する方は、これとは別にNISA口座を開設します。

投資の方法等	口座の種類	税金の支払等
初めて株式投資を行う場合	特定口座（源泉徴収あり）	証券会社が税金を計算して税金の支払をしてくれる。また、必要に応じ損失繰越し等の確定申告が可能。
複数の証券会社に口座をもつ場合など	特定口座（源泉徴収なし）	証券会社作成の「年間取引報告書」を計算して税務署に確定申告する。
その他（先物取引などを行う場合）	一般口座	自分で「損益計算」を行い税務署に確定申告する。

（注）確定申告をすると国民健康保険料等の計算に影響が出る場合があります。

[売買損の繰越控除]

上場株式等の取引で損が出た場合、その後3年間にわたり株式等の売買益から控除できます。確定申告が必要です。

(例)

年	売買損	売買益	累計売買損益	課税対象
2015	−100万円			0万円
2016		40万円	−60万円（−100＋40）	0万円
2017		30万円	−30万円（−60＋30）	0万円
2018		50万円	20万円（−30＋50）	20万円

例では、2015年に100万円売買損が発生した場合、その後3年間の売却益が控除されます。

(注) 上の例では、2015年分から連続して確定申告が必要になります。

4.3.4　NISA（少額投資非課税制度）

NISA口座を利用して購入した上場株式等の売却益や配当が非課税となる制度です。非課税枠は毎年100万円、非課税期間は5年間、投資枠は最大500万円です。2016年からは非課税枠が毎年120万円となります。

また、0〜19歳の未成年を対象とするジュニアNISAが2016年から始まります。

図表4－1　NISA、ジュニアNISAの概要

	NISA	ジュニアNISA
対象者	20歳以上の居住者等	0～19歳の居住者等
非課税枠	毎年100万円までの買付分、最大500万円（5年分）。2016年からは毎年120万円（最大600万円）	毎年80万円までの買付分、最大400万円（5年分）
非課税期間	投資した年から最長5年間（期間終了後、新たな5年間の枠に移行可能）	投資した年から最長5年間（期間終了後、新たな5年間の枠に移行可能）
口座開設期間	2014～2023年の10年間	2016～2023年の8年間
口座の開設	1人1口座	1人1口座
運用管理	本人	親権者等が未成年のために管理する。
投資商品の売却	自由	18歳未満での払出しは、課税扱いとなる。

（注1）　NISA口座での取引で損失が生じた場合は、株式等の売買益からの損失の控除はできません。
（注2）　NISA口座で一度売却すると、その非課税枠の再利用はできません。
（注3）　投資した株式等の配当等の受取りは、NISA口座の開設証券会社等でないと非課税扱いになりません。

図表4－2　NISAの非課税期間と限度額

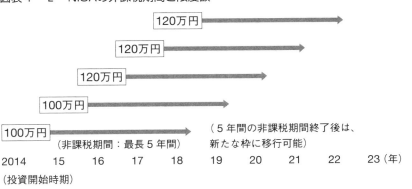

第4章　証券会社選びと取引の手引　81

図表4-3 ジュニアNISAの非課税期間と限度額

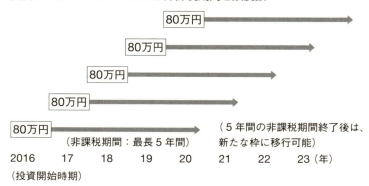

第5章

株式投資に強くなる

5.1 会社四季報の見方

会社四季報には、実にたくさんの情報が詰め込まれています。最初は、なじみがないかもしれませんが、慣れてくるとさまざまな発見があります。

ここでは、会社四季報を読み解くためのポイントを説明します。

図表5－1　会社四季報の見方

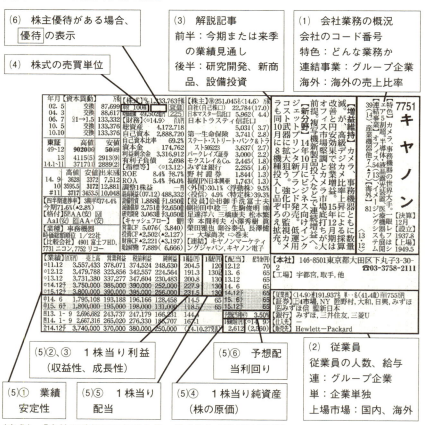

（出典）「会社四季報2015年第1集・新春号」東洋経済新報社

5.1.1 会社の概況と収益を把握する（キヤノンの例）

(1) 会社業務の概況：どんな業務か、何をどこで販売しているか

会社の コード番号	会社ごとに番号が決まっている（証券コード（銘柄コード）といいます）。　7751 野球選手の背番号のようなもの。
会社の特色	会社の業務の特色が記載されている。
連結事業（注）	グループ会社の主要事業の売上状況が記載されている。 （業務）　　　　　（部門別売上構成比率）（売上高営業利益率） オフィス（複写機等）　　54%　　　　　　　13% イメージングシステム （カメラ等）　　　　　39%　　　　　　　14% 産業機器ほか　　　　　7%　　　　　　　▲7% ・売上高営業利益率 　営業利益（売上高－（売上原価＋人件費等））／売上高 　　売上高に対して、営業利益が占める比率。 　　企業の本業の収益力の強さがわかる数値（たとえば複 　　写機を100万円で売ったときの利益は13万円）。
海　外	売上比率（売上全体に占める海外の比率） 海外　　81% キヤノングループは、海外での売上比率が81%と大きな比率を占めている。 このため、海外景気や為替レートが重要な要素を占めている。
決算月	会社は年1回決算を行う（12月）。

（注）連結（グループ会社）事業……企業業績を表すときに、最近はグループ全体で評価することになりました。その理由は、企業は単独で評価すべきでなく、グループ全体でないとその企業を適正に評価できないためです。
　連結決算の対象となるのは、資本関係等により事実上会社を支配している子会社等をいいます。

(2) 従 業 員

　会社の規模をみるとき、従業員数が参考になります。キヤノンでは、グループで約19万2,000人です。あなたの勤務する会社、住んでいる地域等の

第5章　株式投資に強くなる　85

人数と比べてみてください。また、上場市場の掲載があります。国内4市場とニューヨーク市場に上場しています。

(3) **解説記事**

前半は今後1年くらいの業績動向の「業績記事」、後半は中期計画、研究開発、新商品の動向、設備投資等や会社の課題について書かれた「材料記事」です。中長期（3～5年保有）投資を展望してみましょう。

(4) **株式の売買単位**

株式を売買する際の単位です。キヤノンの場合100株単位です（キヤノンの買付金額：100株×1株当り株価（3,690.5円：2015年1月6日終値）＝369,050円（税別））。

(5) **業 績 欄**

安定成長企業の要件等を確認します。

① 安定性……会社がつぶれないこと（業績欄がすべて黒字であること）。
② 収益性……利益が出ていること（1株当り利益が出ていること）。
③ 成長性……年々成長すること（1株当り利益が年々増加すること）。
④ 1株当り純資産（原価）……企業が解散した場合の解散価値のことをいう。資料では2,612円です。
⑤ 1株当り配当……1株当りの配当金、例では各年6、12月に配当をしている。次年度予想は合計で130円です（配当金130円、株価が3,690.5円の場合の配当利回り）。

　　配当利回り（予想）＝配当金／株価＝130円／3,690.5円＝3.52％

⑥ 予想配当利回り……会社四季報の作成時点での株価から予想したもの（2015年第1集の場合、2014年11月21日株価）。

　　配当予想利回り＝配当予想（130円）／株価（3,711.5円）＝3.50％

(6) **株主優待**

株主優待がある場合、 優待 の表示があります。

5.1.2　株価をみる指標：株式は１株当りの数値でみる

　会社四季報の業績欄をみると、売上高、○○兆円、○○億円といった数字が記載されていますが、あまりピンときません。そこで、株価と１株当りの数値で比較してみると、比較しやすく、感覚が出てきます。

　たとえば、キヤノンの株を１株買った（株価3,690.5円）とします。キヤノンの決算期（2015年12月）には、１株当り231.5円の利益予想です。その結果、１株当り配当予想が130円（2015年6月65円、同年12月65円）です。これは、あなたが投資した3,690.5円で、キヤノンは231.5円の利益をあげるのと同様の意味となります。

　単年の１株当り利益の数字は判断材料になりませんが、これを長期間の推移でみると、その企業が長期的に優位かどうかが判断できます。この例の会社四季報では、過去３年間の実績、将来の２年間の予想をみることができます。

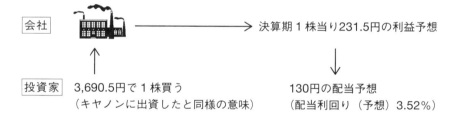

コラム　業績予想

　上場会社は、決算発表と同時に次期の業績予想を公表しています。その際、あわせて１株当り利益についても公表しています。これは、証券取引所の指導もあり原則として各企業が公表しているものです。
　なお、各企業の業績予想発表にあたっては、やや保守的に算出するため、数値が少なめではないかとの評価があります。また、会社四季報では、その会社

の発表数値を元に、東洋経済新報社が独自の予想を掲載しています。

5.1.3 会社のことをもっと知ろう

(1) **会社のホームページをみよう**

会社概要、商品・サービス概要、株主の皆さまへ（財務諸表や、営業の収益等を図で説明している会社があります）、株主優待など。ホームページをぜひみましょう。

(2) **会社の商品・サービスに触れてみよう**

食品関係なら食べてみる、サービス業の場合、そのサービスを受けてみるなどして触れてみましょう。

(3) **会社の工場に行ってみる**

現場から生の情報が伝わってきます。さわかみ投信会長の澤上さんは、かつて、ある会社の悪いニュースが流れた時、その会社の工場を見学に行ったそうです。すると、その工場は、きれいに清掃され、草もなく、朝、従業員が元気に会社に入っていくのをみて、投資の判断を固めたそうです。

(4) **株主になり株主総会に参加しよう**

1年に1回株主総会が行われ、取締役の選任、決算承認、配当金、経営方針などが決められます。

(5) **会社の説明会、見学会に参加しよう**

株主に対して、説明会や見学会を行っている会社があります。ホームページをみてみましょう。

[会社四季報業績欄]

投資初心者の方は、こうした項目があるということを確認する程度でかまいません。

（項目）	（内容）キヤノン・グループの例　2013年12月期	
売上高	会社の売り上げた金額の合計	3兆7,313億円
営業利益	本業で稼いだ利益 「①売上総利益」から「②販売費および一般管理費」を引いたもの ① 売上総利益……売上高－売上原価（仕入れ原価） ② 販売費および一般管理費……人件費、広告宣伝費、家賃、建物の償却費等	3,372億円
税引前利益	営業利益±（支払利息、受取利息等）±（臨時的に発生した損益）	3,476億円
純利益	税金を支払って残った利益	2,304億円
1株益	1株当り利益（純利益÷発行済株式数）	200.8円

［利益の配分：キヤノンの例（2013年12月期の例）→1株当り利益200円］
① 株主への配当130円（中間・期末の配当の合計2013年6月期65円、12月期65円）
② 設備投資・研究費……新たに工場をつくったり、研究開発を行う。
③ 内部留保……会社にお金を貯めておく。

コラム 株主の権利

株主になるとさまざまな権利が与えられるとともに、義務も生じます。

[経済的利益を受ける権利]

[配当金]

[株主優待]
自社商品やサービス

[残余財産分配請求権]
会社が解散した時に残余財産の分配を受ける権利

[会社の経営に参加する権利]

株主総会では、会社の重要なことを決めます。

1　取締役を決める
株主：
賛成　反対

2　決算書の報告・説明

3　会社の業務内容、経営方針の説明
業務内容の説明
今後の5年、10年計画
会社のビジョン

4　配当を決める
会社の得た利益のなかから株主に配当する利益の配当金額を決める。

○株主総会に出てみませんか
　役員の顔ぶれ、会社の内容がわかります。また、食品会社のなかには、自社商品の試食会をする会社もあります。

[株主の義務]

| 出資の範囲内で企業の負債に責任をもつ | もし投資した企業が倒産した場合、出資金の範囲内での責任をもつ（投資した資金が返却されない）。 |

[株主になるには]

株主になるためには、名義書換が必要です。証券会社を通じて購入すれば「保管振替制度」により、自動的に名義書換がされます。

5.2
Yahoo!ファイナンスの見方

Yahoo!ファイナンスには、さまざまなデータが掲載されています。ここでは、株価チャートの利用方法を紹介します。株式を買い付けるとき、投資対象銘柄の株価の水準や過去の株価の推移を参考にしてください。

(1) Yahoo!のホームページからYahoo!ファイナンスの画面を表示する

(2) 基本画面と株価をチェックする

① Yahoo!ファイナンスの画面で、「株価検索」欄に銘柄名「例：キヤノン」と入力する

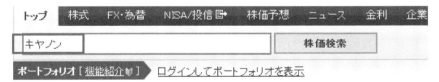

「キヤノン」と入力すると、キヤノン関連の銘柄がいくつか出てきますので、そのなかから「キヤノン㈱」を選んでクリックしてください。

② キヤノンの画面が表示される

③ 株価のチェック

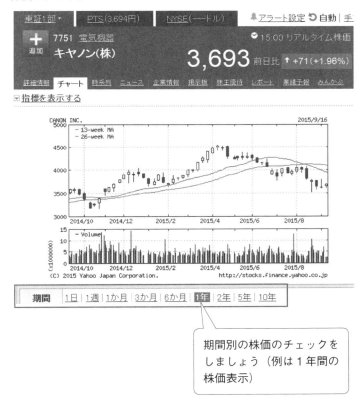

期間別の株価のチェックをしましょう（例は１年間の株価表示）

(3) ポートフォリオを編集する

　Yahoo! IDを取得すれば、次のようにポートフォリオ機能が使えます。

① ポートフォリオの新規作成をチェックする

第５章　株式投資に強くなる　93

② ポートフォリオ名を入力する

ポートフォリオの新規作成

1. ポートフォリオ名を決める ▶▶ 2. 銘柄を登録 保有数・購入価格・備考を入力 ▶▶

Step1 ポートフォリオ名を決める

| 若葉マークの株式 | **8**/30文字 |

※半角カタカナおよび機種依存文字は使用しないでください。

③ 銘柄、保有数、購入価格を入力する

Step2 銘柄を登録／保有数・購入価格・備考を入力

銘柄を一括登録

並び順	コード	市場	名称	保有数	購入価格	備考	削除
1	5108.T	東証1部	(株)ブリヂストン	100	4040		✕ 削除
2	7751.T	東証1部	キヤノン(株)	100	3690.5		✕ 削除

銘柄を追加 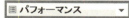 追加

項目をドラッグアンドドロップすることで

④ オプション設定で、「パフォーマンス」のデザインを選択する

Step3 オプション設定

ポートフォリオ表示時のデザインの設定(設定したデザインが常に最初に表示されます。)

下記プルダウンからデザインを選択してください。

▣ パフォーマンス ▼

このデザインで表示される項目

コード	名称	取引値	前日比
出来高	保有数	時価	前日差
購入価格	損益	関連情報	

⑤ パフォーマンスが表示される（2015年9月16日現在の例）

	コード	名称	取引値		前日比	出来高	保有数	時価	前日差		購入価格		損益	
☒	5108	↑(株)ブリヂストン	15:00	4,289.5	+155	3,982,800	100	428,950	+15,500	+3.75%	4,040	404,000	+24,950	+6.18%
☒	7751	↑キヤノン(株)	15:00	3,693	+71	2,452,500	100	369,300	+7,100	+1.96%	3,690.5	369,050	+250	+0.07%
		合計						798,250	+22,600	+2.91%	—	773,050	+25,200	+3.26%

5.3 中長期投資（3～5年保有）の勧め

5.3.1 成熟国型となった日本の株価の動き

日本の株価はバブル期まで成長国型の動きで、ぐんぐん上昇してきました。しかし、バブル期以降（1989年以降）は成熟国型の株価の動きとなりました。上昇と下降を繰り返しています。

以下の図表は、株価の推移と株式の投資保有期間別の投資収益をみたものです。1995～2012年までの間の投資収益率をみると、TOPIX（東証一部全上場銘柄約1,700銘柄、2012年末時点）を安い時に買い、3～5年保有した場合の投資収益率は、おおむね8～10％あるいはそれ以上の傾向がみられます。

図表5－2　日本の株価の動き

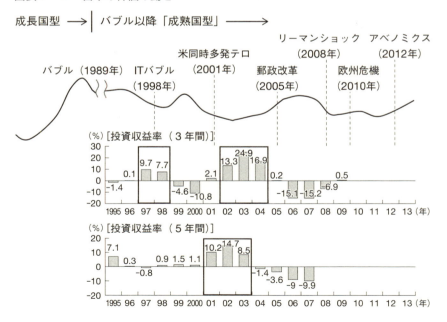

5.3.2　個別銘柄の中長期投資（3～5年保有）の勧め

　上記はTOPIXで、市場全体を示したものですが、個別銘柄は、個々の動きをします。個々の企業、業種、経済情勢等により異なりますが、上記が参考になります。基本は中長期（3～5年）保有がお勧めです。
　また、世界経済は、将来にわたり人口増加等（注）もあり、年3％程度で成長しています。したがって、世界的にみれば株式市場の成長が予測されます。

（注）　日本の人口は減少傾向を示しています。一方、世界人口は、年々増加傾向となっています。中国・インド等の人口増加があり、2011年の70億人から2050年には97億人と見込まれています。このため、世界的にみてさまざまなものやサービスの需要が増大します。この結果、世界経済の成長も株式市場成長の要因です。

5.3.3　市場全体の動きと投資収益

　1995～2012年におけるTOPIXの各年における投資期間別（1年、3年、5年、10年）収益率をみると図表5－3のとおりです。十分なデータが入手できていませんが、TOPIXの純資産倍率（PBR）が低い時に買って3～5年保有すると投資収益率が年8～10％程度、あるいはそれ以上の傾向がみられます。
　純資産倍率とは「株価／純資産」で表します。純資産とは会社の解散価値のことです。つまり、会社の解散価値に比べ株価が低い時に買って3～5年保有すれば利益が出る傾向がみられます。昔から「よい株を安い時に買い、長期保有するのが投資の王道」といわれています。

図表５－３　保有期間別投資収益率

購入年	1995	1996	1997	1998	1999	2000	2001	2002
１年保有	17.7	-9.4	-10.2	23.1	19.5	-15.1	-14.3	-2.5
３年保有	-1.4	0.1	9.7	7.7	-4.6	-10.8	2.1	13.3
５年保有	7.1	0.3	-0.8	0.9	1.5	1.1	10.2	14.7
10年保有	4.1	5.2	6.7	4.6	0.1	-1.3	0.1	1.6
日経平均株価（円）	19,868	19,361	15,258	13,842	18,934	13,785	10,542	8,578
TOPIX	1,577	1,470	1,175	1,086	1,722	1,283	1,032	843
PBR	—	—	—	—	1.4	1.5	1.2	1.0

（注１）　PBR：TOPIX（連結：単純平均）。
（注２）　「株式投資収益率」は2012年をもって計測が中止となり、以降のデータは入手不可です。一方、2013年末の株価が16,291円と大幅に上昇していることから、＊１（2010年から３年間保有）、＊２（2008年から５年間保有）も相応に投資収益率が得られたと想定されます。

（単位：％）

2003	2004	2005	2006	2007	2008	2009	2010	2011
27.4	17.1	30.5	4.5	-26.2	-20.8	4.4	-2.4	-0.4
<u>24.9</u>	<u>16.9</u>	0.2	-15.1	-15.2	-6.9	0.5	＊1	
<u>8.5</u>	-1.4	-3.6	-9	-9.9	＊2			
10,676	11,488	16,111	17,225	15,307	8,859	10,546	10,228	8,455
1,043	1,149	1,649	1,681	1,475	859	907	898	728
<u>1.0</u>	<u>1.3</u>	1.4	1.6	1.4	<u>1.0</u>	<u>0.8</u>	<u>0.9</u>	<u>0.8</u>

(注3) 過去の収益状況が今後とも同様になるとは限りませんが、中長期投資の参考としてください。

(注4) 投資収益率が優れた値を示している箇所およびPBRが低い箇所を下線で示しています。

(出典) 日本証券経済研究所『株式投資収益率』、東京証券取引所「規模別・業種別PER・PBR」等より作成

5.4
株価変動に強くなる方法

5.4.1 投資方針と基本の取引方法

　筆者が代表を務める「若葉マークの株式投資」の投資対象は、優良企業（トップグループ）で「安定成長企業（つぶれない、安定して成長する企業）」です。よく「株は安い時に買え」といいますが、株価が大幅に下がっている時はなかなか買おうという気持ちになれないものです。「安定成長企業（つぶれない、安定して成長する企業）」を「安値圏」で買いましょう。世界経済は上下を繰り返し循環しています。特にお勧め時は、株式市場全体が低迷している時です。

図表5－4　買い時は、市場全体が下がっている時（日経平均が安い時）

　企業業績が上昇すれば、株価の上昇が期待されます。株の売り時は、株式市場全体では景気の上昇期に入り過熱気味になった時、また個別銘柄は、市場全体の動きのなかで個々の企業の成長を織り込んだ時です。投資の経験を蓄積していきましょう。得意銘柄ができて、その「安値圏」、高値の感覚がつかめてきたら、「安値圏」で買い、高値で売りましょう。

5.4.2 投資した株が思ったように上昇しない場合

　次の要因を検討してみましょう。自分で分析する訓練を積み重ねましょう。
① 当初に検討した自分の購入理由・購入目的を再検討してみる。

② 内的要因（企業の内部にある要因：社長の交代等）、外的要因（企業の外部にある要因：競争相手等）をチェックしてみる。
③ 株式市場の低迷期かどうか（株式市場の低迷期には、特定の銘柄だけ上昇するケースはまれです）。

5.4.3　投資した株が下落した場合

　中長期投資には、損切という概念がありません。中長期投資家は、短期的に損した、儲かったという視点だけで企業をみているわけではありません。それに、買付は「安値圏」で買っています。または安値圏を認識したうえでそれより高い株価で買っています。このため、株価が〇〇％下落したら売却するといった「損切ルール」はありません。しかし、購入した銘柄が、大幅に下落したり、中長期にわたり株価が低迷したりすることも考えられます。そのような場合の対応を以下に説明します。
① 対応……保有銘柄の悪いニュースが流れた場合は、そのニュースをよく判断する。そのうえで、そのニュースが一時的な内容であれば、そのまま保有する。そのようなニュースにより、あわてて売る投資家や、短期投資家などもいます。中長期投資家の場合、中長期的にみて判断します。
　一方、投資企業の「構造的な問題の場合」は、売却したほうがよいでしょう。たとえば、その会社の強みがなくなってしまった、顧客に受け入れられなくなるとき、などです。
② その他の場合……保有している株を売却するか保有するか迷った場合、もし、その値段であれば買いたいと思えるならば、そのまま保有する（うまく分析できなくても、よいと思われる銘柄はそのまま保有する考え方です）。

5.4.4　マーケット全体が下落し続ける場合

　日経平均株価が下がっているときなどは、中長期投資家にとって、企業をみるよいチャンスです。

(1) **景気が悪くても利益を出せる企業かどうか見極める**

　企業が、景気の悪い時にどのような対応をするか、どんな方向に向かっているか見極めます。

　　（注）　どんな優れた企業でも、景気が悪くなった時、短期的にはすぐ対応できない場合があります。その場合、赤字に転落しないかどうか、中長期的な対応はどうかを見極めるようにしましょう。

(2) **株価がどこまで下がるか、底値を見届けるチャンスです**

　その時のマーケットの様子や、自分の保有する銘柄（候補銘柄を含む）を見定めるよいチャンスです。大きな下げほど、チャンスです。

　以上をみておくと、次の株価の下落時にとても役立ちます。気がついたことはメモしておきましょう。下げを経験しましょう。

［マーケットは気まぐれ］

　個別企業の業績が伸びても、株式市場全体が上昇しない場合、その個別企業の株価が上昇しない場合があります。逆に個別企業の業績に変化がなくても、株式市場全体が上昇すれば、その企業の株価が上昇する場合があります。

5.5
投資の心理学

　人は、株価が大きく動いたりすると、ついついその動きを追いかけた行動をとりがちです。株式投資にありがちな行動とその注意事項を説明します。

5.5.1　株価に追随した売買をする

　株式市場に上昇の流れができると、皆が買っているから「自分も買ってみたい」という心理が働きます。

　株価は、期待やこわさで過剰に反応します。このため、株価が下がりすぎたり、上がりすぎたりします。株価がぐんぐん上昇してきたため、もっと上がると思って天井近くで買ってしまう場合、また、株がどんどん下がってきたため、こわくなって底値近くで売ってしまう場合があります。常に冷静に判断しましょう。

(1) **株価がどんどん上がっている場合、十分な銘柄検討をしないままその株を高値で買ってしまう**

　これは、その企業を買うのでなく、上昇している株価の動きを買うものです。するとそこが株価のピークで、その後下落に転じるという、一般的によくあるケースです。

　こうした行動は、人から話を聞いたり、新聞などのメディアから情報を得たりしてから、買付の行動を直ちに起こすものです。市場が過熱した場合にありがちです。よくあるのは、友人や営業員に何かいい銘柄はありますかと尋ね、○○銘柄がよいと聞き、その企業の内容をあまり調べずに購入するケースです。

第5章　株式投資に強くなる

ぐんぐん上昇している株を買ったらそこがピークで下落を始めた。

(2) 株価が下落を始めると、こわくなり売却してしまう

なんらかのことをきっかけに株価がどんどん下落してきた場合において、本来は保有しようと思っていた銘柄の動きがこわくなり、売却してしまったらそこから値段が上がり始めました。

市場が冷えてくると、不安にかられて多くの人が株を売却するため、株価が下がりすぎることがあります。これは心理的なもので、皆が合理的な判断ができなくなり、投げ売りをする人も出てきます。その株は、一時的に下げすぎとなり、買いたいと思っていたが、過去において高くて買えない株式であった投資家にとっては絶好の買い場となります。

株価がどんどん下落しているとこわくなり売ってしまう。その後、株価が急反転して上昇に転じる。

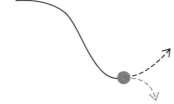

5.5.2 利益は少なく、損は大きく

(1) 買った株が上昇すると、すぐに売却したくなる

将来の不確実な利益よりも、確実な目先の利益を得ようとするもの。株価の上昇により満足感を得て、売却して利益を出すことにより安心感を得よう

とするものです。また利益の大きさよりも利益が出ているかどうかを問題にします。
・対応策……企業の本質的価値を知ることです。いったん含み益の出た銘柄は、急いで売る必要はありません（値ザヤ稼ぎの場合は、企業の分析もできていないことから、利益が出るとすぐ売却しがちです）。

(2) **買った株式が値下がり、有望でないと思っても売却できない（塩漬けの心理）**

株価が下がり、その株式が思ったほど有望にみえなくて、自分の保有目的にあわなくても売却できないことがよくあります。売却すると損が実現するために売却できなくなるものです。

また、その株式が有望と思えなくとも、自分の行動が否定されるような気になり、その株式を売却できなくなります。このため、その企業の評価を変えます。たとえば、現実の株価は下がっているが、一時的な現象であり、いつかは上昇するだろうという解釈をして、考え方の矛盾を解決しようとします。あるいは、短期的な売買目的で買ったものの短期間に値下がりしたために「長期的にみればいつか上がる」として、投資方法や投資期間を変えてしまったりします。

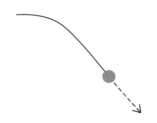

第5章 株式投資に強くなる

・対応策……自分の投資方針に合致しない場合は、その株式を処分すべきです。自分の投資した企業の見込みが外れた場合は、その投資はあきらめて売却すべきです。それで傷はその大きさですみますが、そのまま放っておくと傷口は大きくなっていきます。

［損切と投資目的］

短期的な売買の場合は、損切は有効な手段として考えられています。一方、中長期投資の場合、損切ルールは設けません。損切ルールを設けることにより頻繁に損切をすると中長期の投資戦略がとれません。中長期投資の場合は、特に企業の本質的価値を評価して保有することが必要です。

コラム　米証券取引委員会「投資家向け質問書」

SEC（米国証券取引委員会）は、投資家向けに証券取引の質問書を作成してホームページで公表しています。この質問書は、投資家がいかにして賢い投資をするかのアドバイスが書かれています。SEC（米証券取引委員会）は、多くの投資家が取引開始の際に基本的な質問をすれば、トラブルや損失を避けられるであろうと考えています。そのなかの主要な内容を参考までに紹介します。

［証券投資する商品に対する質問］

・この投資は、私の投資目的にあっていますか。どうして私にあっていると思いますか。
・この証券は、どのようにして利益を生み出しますか。配当、利息、キャピタルゲインですか。具体的にどのようになれば商品の価値が上がりますか。
・購入、売却のすべての手数料の合計はいくらになりますか。この手数料を払って、私が利益を出すためにはいくら値上がりする必要があるのでしょうか。
・この証券にはどんなリスクがありますか。たとえば、金利の上昇、景気の悪化、競争の激化、株式市場の上昇または下落？
・この会社は創業して何年ですか。経営陣はしっかりしていますか。過去の経営はうまくいっていましたか。

・この会社の収益状況はどうですか。競合会社と比べてどうですか。
・この会社の役員に関する資料はありますか。
［買付後の質問］
・買付後、現在の状況（ポートフォリオ）は、私の投資方針とあっていますか。「もしあわなくなったとき」なぜ、あわなくなったのでしょうか。どうしたらいいのでしょうか。
・この証券を売る考え方（基準）を教えてください。

付　録

....

投資ノート

投資の基礎を学んだ後は、ぜひ、このなかの「銘柄検討シート」に記入して投資の実践をしてみましょう。

1 銘柄選定の全体像

銘柄選定のイメージは次のとおりです。

上場株式

投資候補銘柄の書出し
〈候補銘柄書出しシート〉

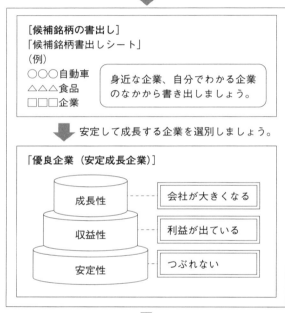

投資銘柄の検討
〈銘柄検討シートで検討〉

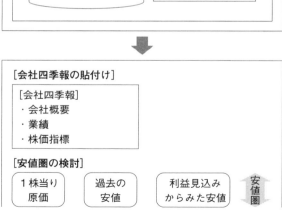

[企業内容の検討]
・強みのある会社
・会社のことを学ぶ
・商品・サービスの概要
・将来に向けて（新商品・新たなサービスの検討・研究）
・この銘柄の懸念材料・リスク

買付の記録
〈銘柄検討シートに記載〉

[買付・買付時の記録]
・買付
・買付年月日、買付銘柄名、買付株数、買付単価、買付理由

買付後の記録
〈銘柄検討シートに記載〉

[買付後の記録：月１回記録する]
・株価（高値、安値、終値）
・参考事項（投資した企業や世の中の出来事）
[その他参考]
・株価チャート、新聞・雑誌の切抜き等の貼付け

[株式投資にあたって、習慣をつくりましょう]
・月１回は株価をチェックしましょう。
・四半期に１回、投資対象企業のホームページをみましょう。
・マネープランの見直しをしましょう。
　例：年２回（ボーナス時）、年１回（夏休み、または年末年始）

2　候補銘柄の書出し

　株式投資銘柄の選定です。以下の要件で、自分が理解できる銘柄としましょう。そのなかで優良企業と思われる企業をピックアップし、書き出しましょう。

[次の２つの要件を満たした企業]
・自分が理解できる企業
・優良と思われる企業

(1) **自分が理解できる企業**

株式投資にあたっては、次のように自分で理解できる企業（感覚で理解する、目でみる・触れる）や得意な企業にしましょう。

① **生活のなかで見つける**

個人投資家の強みは、消費者の視点で投資銘柄を見つけられることです。

消費者として、商品やサービスをチェックしています。

［家のなかで］
・家のなかで利用するもの。日常の生活に利用するもの（衣類、食品、電化製品）等

［街のなかで］
・スーパー・デパート・コンビニのなか、レストラン
・レジャー・旅先で

［いままでの経験］
・学生時代のアルバイト、知人・友人の業務、自分の会社・取引先等、親戚の者が勤務する会社等

② **仕事の関係で選ぶ**

サラリーマン・OLがいちばん長くいる場所が職場です。

――様子がわかる、聞きやすい、生の情報
・自分の勤務先
・取引先・関係先
・通勤（交通手段）、会社（事務機、事務用品、ランチ、帰りの飲食店、各種教室等）

③ **自分が興味のあるものを選ぶ**

趣味、レジャー、その他

④ **新聞・テレビ・雑誌・ホームページをみて探す**

・新商品のPRがあり、たくさん売れそうだ
・画期的な商品で需要が急増しそう

[注意事項]
・自分が理解できる企業にしましょう。よさそうに思えても自分の知らない企業は避けましょう。
・本業に集中している企業に投資しましょう。業務が多様化している企業は避けましょう。

(2) 投資対象は優良企業

　初心者の投資対象の選定にあたっては、まず、優良企業にしましょう。優良企業とは優れた商品やサービスを提供している企業、堅実な企業といったイメージがあります。特に思い当たらない場合は、各業界でトップと思われる企業を選んでください。優良企業・トップ企業はイメージでかまいません。まずは知っている企業、気になる企業を書き出してください。

[優良企業（トップグループ）]
| 優れた商品・サービス | よい人材 | 企業文化 | 顧客基盤 |

(例)
・自動車……トヨタ自動車、日産自動車、ホンダ、スズキ
・食品……カゴメ、味の素、キッコーマン、ヤクルト本社、アサヒグループホールディングス（アサヒビール）
・繊維・衣料品……ファーストリテイリング（ユニクロ）、しまむら、東レ
・化粧品……資生堂、花王
・医薬品……武田薬品工業、アステラス製薬、エーザイ
・家……大和ハウス工業、ミサワホーム
・機械……コマツ、クボタ、三菱重工業
・レジャー……オリエンタルランド（ディズニーランド）
・電気機器……パナソニック、日立製作所、富士通、京セラ
・小売（スーパー、コンビニ）……セブン＆アイ・ホールディングス（セブン-イレブン）、ローソン、ファミリーマート
　(注1)　急騰銘柄、新興市場（ベンチャー）銘柄、テーマ株は避けましょう。
　(注2)　銘柄の概況等は、まず「会社四季報・日経会社情報等」で調べましょう（会社名・銘柄コード・売買単位・株価・必要資金等）。

(3) 候補銘柄書出しシート
【記入の手順】
① **候補銘柄の書出し**
1 まず「銘柄名」を記入してください。
2 「銘柄コード」「市場」は、5.1「会社四季報の見方」を参照してください。
3 「売買単位」「株価」を記入してください。
　「売買単位」は5.1「会社四季報の見方」を参照してください。「株価」は、新聞・Yahoo!ファイナンス等の株価欄をご覧ください。まずは「株価」×「売買単位」で、おおよその買付のための必要資金額を知るためです。
② **安定成長企業の検討**
　投資対象は、「安定成長企業」です。書き出した銘柄が「安定成長企業」に該当するか否かチェックしてください。安定性（つぶれない）、収益性（利益が出ている）、成長性（年々成長する）の3要件を備えた「安定成長企業」を投資対象とします。安定成長企業は、2.2「優良企業（安定成長企業）への投資」を参照してください。
　また、あわせて、選んだ安定成長企業を会社四季報等でみて、その会社の概況を把握しましょう。

	（銘柄コード）銘柄名	市場	売買単位	（年月日）株価（円）	必要資金（株価×売買単位）（円）	安定成長企業に該当するか否か（○：該当　×：非該当）	備　考
例	(6301)コマツ	東証一部	100株	(2015.1.6) 2,560円	256,000円	○	株主優待あり
	(　　)			(　　)			
	(　　)			(　　)			
	(　　)			(　　)			
	(　　)			(　　)			
	(　　)			(　　)			
	(　　)			(　　)			
	(　　)			(　　)			
	(　　)			(　　)			

3 銘柄検討シート（記入例）

(1) 基本的な情報の確認

[銘柄名] コマツ　　銘柄コード　6301　　市場　東証一部
株価　2,560円（2015年 1 月 6 日）

① 会社四季報

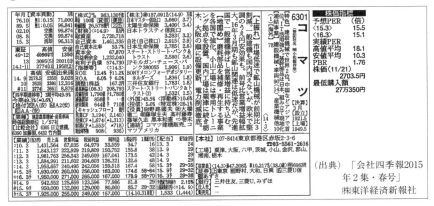

（出典）「会社四季報2015年 2 集・春号」
㈱東洋経済新報社

② 安定成長企業（安定性、収益性、成長性）

3要素	内　　容	確認
成長性	年々成長すること ［1株当り利益が年々増加していくこと］	○
収益性	利益が出ていること ［1株当り利益がプラスであること］	○
安定性	会社がつぶれないこと ［四季報業績欄がすべて黒字であること］	○

③ 1株当り利益の推移

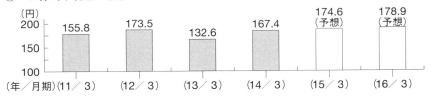

(2) 安値圏の検討

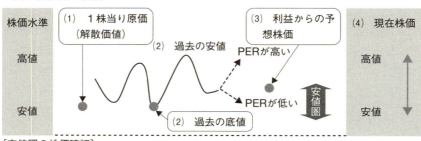

[安値圏の株価確認]

(1) 1株当り原価 （解散価値）	(2) 過去の安値 （過去の底値）	(3)①② 利益見込みからみた安値 1株当り利益見込み（円）× 安値平均PER＝10.3
1,533円	1,958円	来期： 179円×10.3 ＝ 1,843円 今期： 175円×10.3 ＝ 1,802円

1,958円 ⇕ 安値圏 ⇕ 1,533円

	2015年 1 月 6 日 （株価 2,560円）	2015年 2 月 2 日 （株価 2,324円）
株価水準 安値圏と 現在株価	①原価 ②過去安値 ③利益見込安値 ④現在値 [安値圏]　　　　　[現在株価] 　　　　　　　　(4) 2,560円 (2) 1,958円 　　(3) 来期1,843円　　安 　　(3) 今期1,802円　　値 (1) 1,533円　　　　　　圏	①原価 ②過去安値 ③利益見込安値 ④現在値 [安値圏]　　　　　[現在株価] 　　　　　　　　(4) 2,324円 (2) 1,958円 　　(3) 来期1,843円　　安 　　(3) 今期1,802円　　値 (1) 1,533円　　　　　　圏
検討例① ［買う］	現在の株価は安値圏よりもかなり高い。しかし、中長期的にみて業績向上が期待できそうなので買うことにしたい。株価は一時的に2,000円程度になるかもしれないが長期保有としたい。	株価が下がってきて2,324円となった。株価はやや高いが、中長期的にみて業績向上が期待できそうなので買うことにしたい。株価は一時的に2,000円程度になるかもしれないが長期保有としたい。
検討例② ［買わない］	現在の株価は、2,560円と「安値圏」に比べて高い。しばらくは株価の動きをみたい。株価が2,000円程度に下がれば買い時だ。	現在の株価は、2,324円と「安値圏」に比べてまだ高い。しばらくは株価の動きをみたい。株価が2,000円程度に下がれば買い時だ。

【考え方の原則①】

　いまの株価がおおよその「安値圏」であれば、購入の株価基準を満たしたことになります。

　いまの株価が、「安値圏」でないとしたら見送りましょう。

【考え方の原則②】

　「安値圏」でないが購入したい。

　その企業の利益が、長期的にみて予想を超えて大きなものになると思えば、購入することも投資家の判断です。それが企業の将来をみる目ともいえます。ただし、ある程度の高値で購入するわけですから、株価の多少の下げにも耐えうることを肝に銘じてください（安値圏の株価を認識したうえで株を購入する）。

【考え方の原則③】

　株価の検討にあたっては、企業の業務内容・今後の成長性等を考慮に入れてください。

［参考］

　上記の検討にあたり、当該企業の最近の株価の推移（例：1年間、半年間）を参照してください（Yahoo!ファイナンスなど）。

(3) 銘柄の詳細検討

① 長期的にみて優位な企業（強みのある企業）

☑強みのある会社（他社を引き離す企業、まねのしづらい会社）
　（例）・自動車なら○○（エコカーに強い、新興国に強い）
　　　・カメラなら○○（世界で販売）
　　　・時計なら○○（クオーツに強い、世界で販売）
　　　・ビールなら○○○（皆に親しまれている）
　　　・化粧品なら○○○（世界で販売）
　　　・スポーツシューズなら○○（世界で販売）
　　　・工作機械なら○○（産業用ロボット、特殊技術で世界で高い評価）
☑優れた人々により経営され、組織がしっかりしていてよい人材がいる
　企業は人なりといいます。経営陣の状況を把握しましょう。
　（例）・トップの強いリーダーシップのもとで、事業推進がなされている。
　　　　セブン＆アイ・ホールディングス　鈴木敏文会長

　　　　　　　ファーストリテイリング（ユニクロ）　柳井正会長兼社長　など
　　　　　・時代の流れを読み取り創造的な事業をする組織となっている。
☑企業が成長する要素がある（時代の先読み、伸びる市場がある）
　（例）・インドなどのアジア諸国を中心に販売が飛躍的に伸びていきそうだ。
　　　　・高齢者に向けてニーズが高まってきているので、事業が拡大していきそうだ。
　　　　・健康志向が高まってきているので、その対応にマッチしそうだ。
☑企業のビジョン・方向性がはっきりしている
　・会社の目指すもの、社会における役割は何か。
　・３年、５年、10年後等の展望と意気込みは何か。
☑その他
　顧客を大切にする姿勢、企業文化など、なんなりと気のついたことを書きましょう。

（注）　☐該当箇所に、☑を入れ、その内容を記入しましょう。
　　　　　　最初は少なくてかまいません。少しずつ記入していきましょう。

② 　会社のことを学びましょう

☐会社のホームページをみる

☐新聞・雑誌等で会社のニュース・記事を読む

☐投資した企業の業種について学ぶ

☐会社に尋ねる（会社のホームページ等で確認しましょう）

☐会社の商品・サービスを利用してみる

☐友人・家族等に投資企業のことを話してみる

☐友人・家族等と投資企業のことを勉強する

> □株主総会に出る（株主になると通知が来ます）

次の要素をもった会社は、長期的にみて優位といえます。
○強みのある会社（他社を引き離す企業、まねのしづらい会社）
・トップグループの会社で、圧倒的な強さをもつ会社
・ブランド力のある会社、他社と差別化された独自の商品やサービスで他の追随を許さない会社
・だれもがほしがる商品・サービス、または特定分野で必要な商品・サービスを提供する会社
・長い間消費者に親しまれる商品、その企業でしかできない商品・サービスを提供する会社
○優れた人々により経営され、組織がしっかりしていてよい人材がいる
・優れた経営者、経営陣が社員をよい方向に向け、団結して大きな力を発揮させる。
・経営陣が優秀（強いリーダーシップで、新たなビジネスモデルを切り開く。新しく儲かる商品の開拓）
○企業が成長する要素がある（時代の先読み、伸びる市場がある）
・将来的に伸びそうな企業、世の中を先読みしている企業、伸びる市場がある。
・ビジネスモデル（儲かる仕組み）ができている会社
○会社のビジョン・方向性がはっきりしている
　会社のホームページなどをみましょう。その会社の目指す方向や具体的対応をみてみましょう。
　それに共感できれば、あなたはその企業の株主の候補です。
③　商品・サービスの概要

> □どんな商品・サービスを提供しているか
> 　（例）・自動車では、世界のトップクラス。近年エコカーの販売に力を入れている。
> 　　　　・タイヤでは、世界一のシェアをもっている。
> □この会社は何で儲かっているか（儲けの仕組み「ビジネスモデル」は何か）
> 　（例）・家電販売（郊外店で展開：ヤマダ電機、首都圏・繁華街で展開：ビックカメラ）
> 　　　　・幼児用・高齢者の紙おむつ、生理用品等を国内・海外で販売している。

④ 将来に向けて(新商品・新たなサービスの検討・研究を行っているか)

> □どんな商品・サービスか
>   ・アサヒビールは、スーパードライを開発しました。富士フイルムは、フイルムメーカーから脱皮し多角化しました。投資対象企業がどんな新商品・サービスを検討・研究しているのでしょうか、チェックしてください。
> □だれ(どの地域)に向けた商品・サービスか
>   (例) アジア市場、高齢者向け、40代女性向け

⑤ この銘柄買付の懸念材料・リスク

> (例) この会社は海外からの輸入材料を加工して製品をつくっている。円安により輸入価格が高くなり、製品の販売価格が上昇し、商品の販売が落ちるのではないか。

(4) 株主配当、株主優待
① 株主配当(コマツの例)

> 14年3期　　　2013年9月　　29円、2014年3月　　　29円　合計　　58円
> 15年3期(予)　2014年9月　　29円、2015年3月　　29～35円　合計58～64円
> $\left(配当利回り(予想) = \dfrac{配当金(年間)}{株価} = \dfrac{58～64円}{2,324円} (\%) = 2.5～2.8(\%) \atop (2015年2月2日) \right)$

② 株主優待(コマツの例)

> ⓐ　無
> 有の場合(内容):300株以上、かつ3年以上継続して保有した株主のみに自社製品(オリジナルミニチュア)進呈

(5) **買付、売付の記録**

```
[買付の記録]              [売付の記録]
株　数　：               株　数　：
単　価　：               単　価　：
買付年月日：             売却年月日：
買 付 理 由：             売 却 損 益：
                         売 却 理 由：
```

[投資対象企業の商品・サービス内容の概要]

　買付時の記録を残す際には、特に買付理由を明確に書いておきましょう。株価下落時等の検討において、この理由が参考になります。

(6) **買付後のフォローアップ**

年	株価（円）			会社の状況	経済状況等
	高値	安値	終値		
1月					
2月					
3月					
4月					
5月					
6月					
7月					
8月					
9月					
10月					
11月					
12月					

年	高値	安値	終値	会社の状況	経済状況等
1月					
2月					
3月					
4月					
5月					
6月					
7月					
8月					
9月					
10月					
11月					
12月					

[買付後のフォローアップの参考]

　少額投資で、投資経験を蓄積しましょう。
・株価の確認は月に1回程度でかまいません。たとえば月末や給料日にチェックしましょう。
・日々の株価変動に一喜一憂しないことが大切です。
・新聞記事等に気になるものがありましたら、とりあえず切り抜いておいてください。毎日のニュースをずっと追いかけなくても大丈夫です。週末にまとめてみる、ホームページでみて気になるものがあったらプリントする、外出先で気になるものを見つけたら、写真やメモをとるなどしましょう。
・整理は、月1回が無理ならば、3カ月に1回、半年に1回（ボーナスの出た時）。最低年1回。できる範囲で行いましょう。確認して記録を残しましょう。

4 銘柄検討シート（記入用）

(1) 基本的な情報の確認

［銘柄名］　　　　　　銘柄コード　　　　　　市場
　　　　　　　　　　　株価　　　円（　年　月　日）

① 会社四季報

会社四季報の貼付

② 安定成長企業（安定性、収益性、成長性）

3要素	内　容	確認
成長性	年々成長すること ［1株当り利益が年々増加していくこと］	
収益性	利益が出ていること ［1株当り利益がプラスであること］	
安定性	会社がつぶれないこと ［四季報業績欄がすべて黒字であること］	

③ 1株当り利益の推移

(2) 安値圏の検討

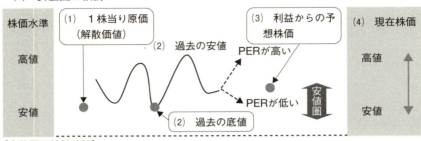

[安値圏の株価確認]

| (1) 1株当り原価
（解散価値）

　　　　　円 | (2) 過去の安値
（過去の底値）

　　　　　円 | (3)①② 利益見込みからみた安値
1株当り利益見込み（円）×
安値平均PER＝
来期： 　円× 　＝ 　円
今期： 　円× 　＝ 　円 |

	年　月　日 （株価　　　円）	年　月　日 （株価　　　円）
株価水準 安値圏と 現在株価	(1) 原価　(2) 過去安値　(3) 利益見込安値　(4) 現在値 ［安値圏］　　　　　　　［現在株価］	(1) 原価　(2) 過去安値　(3) 利益見込安値　(4) 現在値 ［安値圏］　　　　　　　［現在株価］
検討例① ［買う］		
検討例② ［買わない］		

(3) 銘柄の詳細検討
① 長期的にみて優位な企業（強みのある企業）

☐強みのある会社（他社を引き離す企業、まねのしづらい会社）

☐優れた人々により経営され、組織がしっかりしていてよい人材がいる

☐企業が成長する要素がある（時代の先読み、伸びる市場がある）

☐企業のビジョン・方向性がはっきりしている

☐その他

(注)　☐該当箇所に、☑を入れ、その内容を記入しましょう。
　　　最初は少なくてかまいません。少しずつ記入していきましょう。

② 会社のことを学びましょう

☐ 会社のホームページをみる

☐ 新聞・雑誌等で会社のニュース・記事を読む

☐ 投資した企業の業種について学ぶ

☐ 会社に尋ねる（会社のホームページ等で確認しましょう）

☐ 会社の商品・サービスを利用してみる

☐ 友人・家族等に投資企業のことを話してみる

☐ 友人・家族等と投資企業のことを勉強する

☐ 株主総会に出る（株主になると通知が来ます）

③ 商品・サービスの概要

☐ どんな商品・サービスを提供しているか

☐ この会社は何で儲かっているか（儲けの仕組み「ビジネスモデル」は何か）

④ 将来に向けて（新商品・新たなサービスの検討・研究を行っているか）

☐ どんな商品・サービスか

☐ だれ（どの地域）に向けた商品・サービスか

⑤ この銘柄買付の懸念材料・リスク

(4) 株主配当、株主優待
① 株主配当

年　期　　　　　年　月　　　　円、　　年　月　　　　円　合計　　　円
年　期（予）　　年　月　　　　円、　　年　月　　　　円　合計　　　円

$$\left(配当利回り（予想）=\frac{配当金（年間）}{株価}=\frac{　　　円}{　　　円}（\%）=　　　（\%）（　年　月　日）\right)$$

② 株主優待

有　　無
有の場合（内容）：

(5) **買付、売付の記録**

［買付の記録］　　　　　　　［売付の記録］
株　数　：　　　　　　　　株　数　：
単　価　：　　　　　　　　単　価　：
買付年月日：　　　　　　　売却年月日：
買付理由：　　　　　　　　売却損益：
　　　　　　　　　　　　　売却理由：

(6) **買付後のフォローアップ**

年	株価（円）			会社の状況	経済状況等
	高値	安値	終値		
1月					
2月					
3月					
4月					
5月					
6月					
7月					
8月					
9月					
10月					
11月					
12月					

年	高値	安値	終値	会社の状況	経済状況等
1月					
2月					
3月					
4月					
5月					
6月					
7月					
8月					
9月					
10月					
11月					
12月					

5　JPX日経インデックス400銘柄一覧（参考資料）

　「JPX日経インデックス400（略称：JPX日経400）」は、JPXグループ（日本証券取引所および東京証券取引所）と日本経済新聞社が2014年1月から公表している新たな株価指数です。

　従来、株価指数の銘柄選定は、売買高や時価総額といったサイズで機械的に選定しているものがほとんどです。それに対してJPX日経400は、資本の効率的活用（どのくらい効率的に利益をあげられたかを示すROE（株主資本利益率））や営業利益率などが重要視された、企業の質的な内容が考慮されたもので、グローバルな投資基準で選定された指数銘柄です。

　このため、業績の悪い会社や資本効率の悪い会社は含まれていません。財務や経営が優れた日本の株式市場を代表する企業で構成されています。銘柄選定にあたり、参考にしてください。

　なお本書では、2015年8月31日時点の構成銘柄を示します。

【JPX日経インデックス400　構成銘柄一覧】

1＝市場第一部　2＝市場第二部　M＝マザーズ　J＝JASDAQ

No	業　種	市場	コード	銘柄名
1	鉱業	1	1605	国際石油開発帝石
2	建設業	1	1719	安藤・間
3		1	1721	コムシスホールディングス
4		1	1722	ミサワホーム
5		1	1801	大成建設
6		1	1802	大林組
7		1	1803	清水建設
8		1	1808	長谷工コーポレーション
9		1	1812	鹿島建設
10		1	1821	三井住友建設
11		1	1878	大東建託
12		1	1881	NIPPO
13		1	1911	住友林業
14		1	1925	大和ハウス工業
15		1	1928	積水ハウス
16		1	1951	協和エクシオ
17		1	1963	日揮
18		1	6366	千代田化工建設
19	食料品	1	2229	カルビー
20		1	2267	ヤクルト本社
21		1	2269	明治ホールディングス
22		1	2282	日本ハム
23		1	2502	アサヒグループホールディングス
24		1	2503	キリンホールディングス
25		1	2593	伊藤園
26		1	2801	キッコーマン

1＝市場第一部　2＝市場第二部　M＝マザーズ　J＝JASDAQ

No	業　種	市場	コード	銘柄名
27	食料品	1	2802	味の素
28		1	2809	キユーピー
29		1	2871	ニチレイ
30		1	2875	東洋水産
31		1	2897	日清食品ホールディングス
32		1	2914	日本たばこ産業
33	繊維製品	1	3402	東レ
34	パルプ・紙	1	3861	王子ホールディングス
35		1	3880	大王製紙
36	化学	1	3405	クラレ
37		1	3407	旭化成
38		1	4005	住友化学
39		1	4021	日産化学工業
40		1	4042	東ソー
41		1	4061	電気化学工業
42		1	4063	信越化学工業
43		1	4088	エア・ウォーター
44		1	4091	大陽日酸
45		1	4095	日本パーカライジング
46		1	4185	JSR
47		1	4188	三菱ケミカルホールディングス
48		1	4201	日本合成化学工業
49		1	4202	ダイセル
50		1	4204	積水化学工業
51		1	4205	日本ゼオン
52		1	4206	アイカ工業
53		1	4208	宇部興産
54		1	4217	日立化成

1 = 市場第一部　2 = 市場第二部　M = マザーズ　J = JASDAQ

No	業　種	市場	コード	銘柄名
55	化学	1	4272	日本化薬
56		1	4403	日油
57		1	4452	花王
58		1	4612	日本ペイントホールディングス
59		1	4613	関西ペイント
60		1	4631	DIC
61		1	4901	富士フイルムホールディングス
62		1	4911	資生堂
63		1	4922	コーセー
64		1	4924	ドクターシーラボ
65		1	4967	小林製薬
66		1	6988	日東電工
67		1	7988	ニフコ
68		1	8113	ユニ・チャーム
69	医薬品	1	4151	協和発酵キリン
70		1	4502	武田薬品工業
71		1	4503	アステラス製薬
72		1	4507	塩野義製薬
73		1	4508	田辺三菱製薬
74		1	4519	中外製薬
75		1	4521	科研製薬
76		1	4523	エーザイ
77		1	4527	ロート製薬
78		1	4528	小野薬品工業
79		1	4530	久光製薬
80		1	4534	持田製薬
81		1	4536	参天製薬
82		1	4540	ツムラ

1＝市場第一部　2＝市場第二部　M＝マザーズ　J＝JASDAQ

No	業　種	市場	コード	銘柄名
83	医薬品	1	4555	沢井製薬
84		1	4568	第一三共
85		1	4569	キョーリン製薬ホールディングス
86		1	4578	大塚ホールディングス
87		1	4581	大正製薬ホールディングス
88	石油・石炭製品	1	5002	昭和シェル石油
89	ゴム製品	1	5101	横浜ゴム
90		1	5105	東洋ゴム工業
91		1	5108	ブリヂストン
92		1	5110	住友ゴム工業
93	ガラス・土石製品	1	5201	旭硝子
94		1	5233	太平洋セメント
95		1	5332	TOTO
96		1	5333	日本碍子
97		1	5334	日本特殊陶業
98	鉄鋼	1	5401	新日鐵住金
99		1	5406	神戸製鋼所
100		1	5411	ジェイ　エフ　イー　ホールディングス
101		1	5486	日立金属
102	非鉄金属	1	5706	三井金属鉱業
103		1	5711	三菱マテリアル
104		1	5713	住友金属鉱山
105		1	5714	DOWAホールディングス
106		1	5802	住友電気工業
107		1	5857	アサヒホールディングス
108	金属製品	1	5929	三和ホールディングス
109		1	5932	三協立山

1 = 市場第一部　2 = 市場第二部　M = マザーズ　J = JASDAQ

No	業　種	市場	コード	銘柄名
110	金属製品	1	5947	リンナイ
111		1	5991	日本発条
112	機械	1	6136	オーエスジー
113		1	6146	ディスコ
114		J	6256	ニューフレアテクノロジー
115		1	6268	ナブテスコ
116		1	6273	SMC
117		1	6301	小松製作所
118		1	6302	住友重機械工業
119		1	6305	日立建機
120		1	6326	クボタ
121		1	6361	荏原製作所
122		1	6367	ダイキン工業
123		1	6371	椿本チエイン
124		1	6395	タダノ
125		1	6412	平和
126		J	6425	ユニバーサルエンターテインメント
127		1	6460	セガサミーホールディングス
128		1	6463	TPR
129		1	6465	ホシザキ電機
130		1	6471	日本精工
131		1	6473	ジェイテクト
132		1	6474	不二越
133		1	6481	THK
134		1	6486	イーグル工業
135		1	6586	マキタ
136		1	7011	三菱重工業
137		1	7013	IHI

1 = 市場第一部　2 = 市場第二部　M = マザーズ　J = JASDAQ

No	業　種	市場	コード	銘柄名
138	電気機器	1	4902	コニカミノルタ
139		1	6448	ブラザー工業
140		1	6479	ミネベア
141		1	6501	日立製作所
142		1	6503	三菱電機
143		1	6504	富士電機
144		1	6506	安川電機
145		1	6594	日本電産
146		1	6645	オムロン
147		1	6701	日本電気
148		1	6702	富士通
149		1	6703	沖電気工業
150		1	6724	セイコーエプソン
151		1	6727	ワコム
152		1	6752	パナソニック
153		1	6754	アンリツ
154		1	6755	富士通ゼネラル
155		1	6756	日立国際電気
156		1	6762	TDK
157		1	6770	アルプス電気
158		1	6806	ヒロセ電機
159		1	6807	日本航空電子工業
160		1	6841	横河電機
161		1	6849	日本光電工業
162		1	6856	堀場製作所
163		1	6861	キーエンス
164		1	6869	シスメックス
165		1	6923	スタンレー電気

1＝市場第一部　2＝市場第二部　M＝マザーズ　J＝JASDAQ

No	業　種	市場	コード	銘柄名
166	電気機器	1	6952	カシオ計算機
167		1	6954	ファナック
168		1	6961	エンプラス
169		1	6965	浜松ホトニクス
170		1	6971	京セラ
171		1	6981	村田製作所
172		1	7276	小糸製作所
173		1	7280	ミツバ
174		1	7751	キヤノン
175		1	7752	リコー
176		1	8035	東京エレクトロン
177	輸送用機器	1	3116	トヨタ紡織
178		1	5949	ユニプレス
179		1	6201	豊田自動織機
180		1	6902	デンソー
181		1	6995	東海理化電機製作所
182		1	7003	三井造船
183		1	7012	川崎重工業
184		1	7014	名村造船所
185		1	7201	日産自動車
186		1	7202	いすゞ自動車
187		1	7203	トヨタ自動車
188		1	7205	日野自動車
189		1	7211	三菱自動車工業
190		1	7240	NOK
191		1	7248	カルソニックカンセイ
192		1	7259	アイシン精機
193		1	7261	マツダ

1 = 市場第一部　2 = 市場第二部　M = マザーズ　J = JASDAQ

No	業種	市場	コード	銘柄名
194	輸送用機器	1	7262	ダイハツ工業
195		1	7267	本田技研工業
196		1	7269	スズキ
197		1	7270	富士重工業
198		1	7272	ヤマハ発動機
199		1	7278	エクセディ
200		1	7282	豊田合成
201		2	7287	日本精機
202		1	7309	シマノ
203		1	7313	テイ・エス　テック
204	精密機器	1	4543	テルモ
205		1	7731	ニコン
206		1	7732	トプコン
207		1	7733	オリンパス
208		1	7741	HOYA
209		1	8050	セイコーホールディングス
210	その他製品	1	7832	バンダイナムコホールディングス
211		1	7846	パイロットコーポレーション
212		1	7936	アシックス
213		1	7951	ヤマハ
214		1	7956	ピジョン
215	電気・ガス業	1	9513	電源開発
216		1	9531	東京瓦斯
217		1	9532	大阪瓦斯
218	陸運業	1	9001	東武鉄道
219		1	9003	相鉄ホールディングス
220		1	9005	東京急行電鉄
221		1	9007	小田急電鉄

1 = 市場第一部　2 = 市場第二部　M = マザーズ　J = JASDAQ

No	業　種	市場	コード	銘柄名
222	陸運業	1	9008	京王電鉄
223		1	9009	京成電鉄
224		1	9020	東日本旅客鉄道
225		1	9021	西日本旅客鉄道
226		1	9022	東海旅客鉄道
227		1	9031	西日本鉄道
228		1	9041	近鉄グループホールディングス
229		1	9042	阪急阪神ホールディングス
230		1	9044	南海電気鉄道
231		1	9045	京阪電気鉄道
232		1	9048	名古屋鉄道
233		1	9062	日本通運
234		1	9064	ヤマトホールディングス
235		1	9065	山九
236	海運業	1	9101	日本郵船
237	空運業	1	9202	ANAホールディングス
238	倉庫・運輸関連業	1	9375	近鉄エクスプレス
239	情報・通信業	1	3632	グリー
240		1	3659	ネクソン
241		1	3738	ティーガイア
242		J	3765	ガンホー・オンライン・エンターテイメント
243		1	4307	野村総合研究所
244		1	4676	フジ・メディア・ホールディングス
245		1	4684	オービック
246		1	4689	ヤフー
247		1	4704	トレンドマイクロ
248		1	4716	日本オラクル

1＝市場第一部　2＝市場第二部　M＝マザーズ　J＝JASDAQ

No	業　種	市場	コード	銘柄名
249	情報通信業	1	4739	伊藤忠テクノソリューションズ
250		1	4768	大塚商会
251		J	4842	USEN
252		1	7860	エイベックス・グループ・ホールディングス
253		1	9404	日本テレビホールディングス
254		1	9432	日本電信電話
255		1	9433	KDDI
256		1	9435	光通信
257		1	9437	NTTドコモ
258		1	9449	GMOインターネット
259		1	9602	東宝
260		1	9613	エヌ・ティ・ティ・データ
261		1	9719	SCSK
262		1	9984	ソフトバンク
263	卸売業	1	2768	双日
264		1	2784	アルフレッサ　ホールディングス
265		1	3360	シップヘルスケアホールディングス
266		J	7458	第一興商
267		1	7459	メディパルホールディングス
268		1	8001	伊藤忠商事
269		1	8002	丸紅
270		1	8015	豊田通商
271		1	8020	兼松
272		1	8031	三井物産
273		1	8036	日立ハイテクノロジーズ
274		1	8053	住友商事
275		1	8058	三菱商事
276		1	8088	岩谷産業

1＝市場第一部　2＝市場第二部　M＝マザーズ　J＝JASDAQ

No	業　種	市場	コード	銘柄名
277	卸売業	1	8129	東邦ホールディングス
278		1	8136	サンリオ
279		1	9810	日鉄住金物産
280		1	9962	ミスミグループ本社
281	小売業	1	2651	ローソン
282		1	2670	エービーシー・マート
283		1	2681	ゲオホールディングス
284		J	2782	セリア
285		1	3064	MonotaRO
286		1	3086	J.フロント　リテイリング
287		1	3088	マツモトキヨシホールディングス
288		1	3092	スタートトゥデイ
289		1	3099	三越伊勢丹ホールディングス
290		1	3141	ウエルシアホールディングス
291		1	3349	コスモス薬品
292		1	3382	セブン＆アイ・ホールディングス
293		1	3391	ツルハホールディングス
294		1	7453	良品計画
295		1	7532	ドンキホーテホールディングス
296		1	7593	VTホールディングス
297		1	7606	ユナイテッドアローズ
298		1	7649	スギホールディングス
299		1	8028	ファミリーマート
300		1	8174	日本瓦斯
301		1	8214	AOKIホールディングス
302		1	8227	しまむら
303		1	8233	高島屋
304		1	8267	イオン

1＝市場第一部　2＝市場第二部　M＝マザーズ　J＝JASDAQ

No	業　種	市場	コード	銘柄名
305	小売業	1	8273	イズミ
306		1	8279	ヤオコー
307		1	8282	ケーズホールディングス
308		1	9627	アインファーマシーズ
309		1	9843	ニトリホールディングス
310		1	9956	バロー
311		1	9983	ファーストリテイリング
312		1	9989	サンドラッグ
313	銀行業	1	8303	新生銀行
314		1	8304	あおぞら銀行
315		1	8306	三菱UFJフィナンシャル・グループ
316		1	8308	りそなホールディングス
317		1	8309	三井住友トラスト・ホールディングス
318		1	8316	三井住友フィナンシャルグループ
319		1	8327	西日本シティ銀行
320		1	8331	千葉銀行
321		1	8332	横浜銀行
322		1	8333	常陽銀行
323		1	8334	群馬銀行
324		1	8354	ふくおかフィナンシャルグループ
325		1	8355	静岡銀行
326		1	8356	十六銀行
327		1	8358	スルガ銀行
328		1	8359	八十二銀行
329		1	8377	ほくほくフィナンシャルグループ
330		1	8379	広島銀行
331		1	8382	中国銀行
332		1	8385	伊予銀行

1=市場第一部　2=市場第二部　M=マザーズ　J=JASDAQ

No	業種	市場	コード	銘柄名
333	銀行業	1	8410	セブン銀行
334		1	8411	みずほフィナンシャルグループ
335		1	8418	山口フィナンシャルグループ
336		1	8524	北洋銀行
337		1	8544	京葉銀行
338	証券、商品先物取引業	1	8473	SBIホールディングス
339		1	8595	ジャフコ
340		1	8601	大和証券グループ本社
341		1	8604	野村ホールディングス
342		1	8609	岡三証券グループ
343		1	8616	東海東京フィナンシャル・ホールディングス
344		1	8628	松井証券
345		1	8703	カブドットコム証券
346	保険業	1	8630	損保ジャパン日本興亜ホールディングス
347		1	8725	MS&ADインシュアランスグループホールディングス
348		1	8729	ソニーフィナンシャルホールディングス
349		1	8750	第一生命保険
350		1	8766	東京海上ホールディングス
351		1	8795	T&Dホールディングス
352	その他金融業	1	8253	クレディセゾン
353		1	8424	芙蓉総合リース
354		1	8425	興銀リース
355		1	8439	東京センチュリーリース
356		1	8570	イオンフィナンシャルサービス
357		1	8572	アコム
358		1	8586	日立キャピタル
359		1	8591	オリックス

1 = 市場第一部　2 = 市場第二部　M = マザーズ　J = JASDAQ

No	業　種	市場	コード	銘柄名
360	その他	1	8593	三菱UFJリース
361	金融業	1	8697	日本取引所グループ
362	不動産業	1	3003	ヒューリック
363		1	3231	野村不動産ホールディングス
364		1	3254	プレサンスコーポレーション
365		1	3289	東急不動産ホールディングス
366		1	3291	飯田グループホールディングス
367		1	4666	パーク24
368		1	8801	三井不動産
369		1	8802	三菱地所
370		1	8804	東京建物
371		1	8830	住友不動産
372		1	8840	大京
373		1	8848	レオパレス21
374		1	8850	スターツコーポレーション
375		1	8870	住友不動産販売
376		1	8897	タカラレーベン
377		1	8905	イオンモール
378		1	8933	エヌ・ティ・ティ都市開発
379	サービス業	M	2121	ミクシィ
380		1	2127	日本M&Aセンター
381		1	2181	テンプホールディングス
382		1	2193	クックパッド
383		1	2331	綜合警備保障
384		1	2371	カカクコム
385		1	2413	エムスリー
386		1	2432	ディー・エヌ・エー
387		1	2433	博報堂DYホールディングス

1 = 市場第一部　2 = 市場第二部　M = マザーズ　J = JASDAQ

No	業　種	市場	コード	銘柄名
388	サービス業	1	4324	電通
389		1	4544	みらかホールディングス
390		1	4661	オリエンタルランド
391		1	4681	リゾートトラスト
392		1	4732	ユー・エス・エス
393		1	4751	サイバーエージェント
394		1	4755	楽天
395		1	8876	リロ・ホールディング
396		1	9603	エイチ・アイ・エス
397		1	9678	カナモト
398		1	9735	セコム
399		1	9783	ベネッセホールディングス
400		1	9787	イオンディライト

あとがき

　個人が資産形成の選択技を一つでも多くもつことはとても有益です。株主になると意識が変わります。企業をみる目を養い、企業を取り巻くさまざまなものに関心をもつようになります。預貯金の感覚とはまったく異なります。投資により世界が広がってくる方もたくさんいらっしゃいます。

　日本では、いままで、お金は「貯める」が主体となり、「ふやす」ことにはあまり重点が置かれていませんでした。しかし、これからは「ふやす」ことを考え実行に移していく必要がありそうです。株式投資にあたっては、基礎を学ぶことにより知識が増え、それに経験が重なれば不安が少なくなります。自分のお金に働いてもらうことを検討してみませんか。

　本書では、株式投資初心者のための基本（安定成長企業、安値圏）をわかりやすく説明し、株式投資のイメージがつかめるように努めました。投資の基本とリスク感覚（株価変動）をつかんでいただければ、株式投資の第一歩を歩み始めることができます。本書は、「シンプル（簡単）、スマート（堅実）、スモール（少額）」投資をモットーとしています。

　株式投資による買付は、その企業に出資するのと同様の意味があります。皆さんが投資した資金は企業活動に使われます。企業はその資金を使って人を雇い工場を建てるなどして、商品やサービスを提供し、世の中に価値の創造がなされます。その結果、よい企業の価値は上昇し、株価も上昇して企業の存在感が高まり、企業活動が活性化していきます。投資家には、投資したリターンが配当や株価の上昇として還元されます。投資した資金が循環することにより企業や個々人に活力を与え日本がより元気になっていきます。また、投資家は株式投資により企業やその業界のことを学び、世の中や社会のことがみえてきて、社会との接点が広がっていきます。アメリカのように個人の株式投資が身近になり、投資の文化が築かれていくことを願っています。

　本書の「投資」の部分を中心に抜き出し、小冊子にしていくつかの証券会

社にみていただいたところ、多くの若手社員から思わぬ反響をいただいています。たとえば、
① いままで銘柄の選び方や買値の判断がわからなかったが、これで理解できた。
② 入社1年目の社員が、「銘柄検討シート」に記入して提案したら、顧客からできる営業員と評価された。
③ 「銘柄検討シート」に記載していったら、自分のなかで銘柄選定から買値検討までの流れが確立していくのを実感した。
④ 「何のために投資を行うのか」、「安値圏」や「貯蓄から投資へ」の話題ができるようになった。
⑤ 経験はあるが、よい結果が出ていない方もこれ読むことで投資の基礎を再確認して、新しい視点が会得できる。

等のアンケート結果をたくさんいただきました。本書を手にしていただいた方だけでなく、こうした証券外務員が全国各地で株式投資の知識が不足している方に説明していただければ、幅広い個人投資家の拡大につながるのではと、おおいに期待しています。

「貯蓄から投資へ」の進展を目指し、この10年間で相当数の本を読んだような気がします。多くの方の意見を聞いたり、いくつものセミナーなどにも参加したりしました。そうしたなか、岩澤智之さんと知り合いになり、2011年春から二人で投資家教育推進のために議論をしています。岩澤さんは、コンサルタント会社でM＆A業務などを担当した後、現在㈱プレセナ・ストラテジック・パートナーズ代表取締役CHOで、研修講師として一流企業の人材育成に携わっている青年です。岩澤さんの話は明快で、企業分析では決算書が話かけてくれるような楽しさがあります。「安値圏」「中長期投資（3～5年保有）の勧め」などはこの議論のなかから生まれた賜物です。

本書の出版にあたり、多くの方々のご協力をいただきました。まず、小学校からの同級生の関崎今朝一君、以前、東京で出版社を経営した経験もあり、出版に至るまで辛抱強く支えてくれました。また、証券のあり方を語っ

てきた長年の友人の大竹誠治郎さん、本書の企画段階からさまざまなアドバイスと原稿のチェックを丁寧に仕上げていただき、内容に厚みが出ました。籠宮栄一郎さんと飯山正義さんは証券業務の経験が長く、証券実務について企画段階からさまざまに教えていただきました。東京、名古屋、静岡、北陸の証券会社の多くの幹部の皆様と若手社員の皆様には本書の投資の部分をみていただき、とてもよいご意見やアドバイスをいただきました。独立系ファイナンシャル・プランナー（FP）の集まり、「首都圏ファイナンシャル・プランニング技能士会」監事兼顧問の田中和男さん（元日本FP協会常務理事）から何人ものファイナンシャル・プランナーの方を紹介していただき、皆様の経験に基づいたよきアドバイスをいただきました。さらに、日本FP協会の教育研修の講師となり、FPの皆様に株式投資を広げる足掛かりができました。このほか、さまざまな方のご意見などを伺いました。この場を借りて心より感謝いたします。

　また、私の本の出版を快く引き受けていただいた、一般社団法人金融財政事情研究会出版部の皆様、出版に至るまで丁寧にさまざまなアドバイスをいただいた同会出版部の伊藤雄介さん、堀内駿さんにこの場を借りて厚くお礼を申し上げます。

　最後になりましたが、定年超えの私が勤務させていただいている、オルタナティブ投資のゲートキーパー（目利き業務）を行う資産運用会社では、社長はじめ皆様のお蔭で快く仕事ができ、また世界のマーケットの動向や世界の最先端の投資などに触れることができるなどとても感謝しています。

　そして、私を長年にわたり寛容に支えてくれた妻真理子にこの場を借りて感謝します。

2015年9月

福沢　隆雄

はじめての株式投資
──優良企業のシンプルな選び方

平成27年11月5日　第1刷発行

著　者　福　沢　隆　雄
発行者　小　田　　　徹
印刷所　三松堂印刷株式会社

〒160-8520　東京都新宿区南元町19
発 行 所　一般社団法人 金融財政事情研究会
　編集部　TEL 03(3355)2251　FAX 03(3357)7416
　販　売　株式会社きんざい
　販売受付　TEL 03(3358)2891　FAX 03(3358)0037
　　　　　　URL http://www.kinzai.jp/

・本書の内容の一部あるいは全部を無断で複写・複製・転訳載すること、および磁気または光記録媒体、コンピュータネットワーク上等へ入力することは、法律で認められた場合を除き、著作者および出版社の権利の侵害となります。
・落丁・乱丁本はお取替えいたします。定価はカバーに表示してあります。

ISBN978-4-322-12825-3